阳光快乐体育

水中蛟龙

赛艇、划艇、帆船、水球、皮划艇、水上帆艇

本书编写组◎编

YANGGUANG KUAILE TIYU

世界图书出版公司
广州·北京·上海·西安

图书在版编目（CIP）数据

水中蛟龙：赛艇、皮划艇、帆船、水球／《水中蛟龙：赛艇、皮划艇、帆船、水球》编写组编．—广州：广东世界图书出版公司，2010.4（2024.2重印）

ISBN 978 - 7 - 5100 - 1953 - 1

Ⅰ．①水… Ⅱ．①水… Ⅲ．①赛艇运动 - 青少年读物②皮艇运动 - 青少年读物③划艇运动 - 青少年读物④帆船运动 - 青少年读物⑤水球运动 - 青少年读物 Ⅳ.①G861 - 49

中国版本图书馆 CIP 数据核字（2010）第 050041 号

书　　名	水中蛟龙：赛艇、皮划艇、帆船、水球	
	SHUIZHONG JIAOLONG SAITING PIHUATING FANCHUAN SHUIQIU	
编　　者	《水中蛟龙：赛艇、皮划艇、帆船、水球》编写组	
责任编辑	陈世华	
装帧设计	三棵树设计工作组	
出版发行	世界图书出版有限公司　世界图书出版广东有限公司	
地　　址	广州市海珠区新港西路大江冲 25 号	
邮　　编	510300	
电　　话	020-84452179	
网　　址	http://www.gdst.com.cn	
邮　　箱	wpc_gdst@163.com	
经　　销	新华书店	
印　　刷	唐山富达印务有限公司	
开　　本	787mm×1092mm　1/16	
印　　张	10	
字　　数	120 千字	
版　　次	2010 年 4 月第 1 版　2024 年 2 月第 10 次印刷	
国际书号	ISBN　978-7-5100-1953-1	
定　　价	48.00 元	

前　言

当今时代，人人都明白"科技是第一生产力""知识就是财富"，但是，千万不能因此就忽略了对青少年健康体质的培养。青少年时期是身心健康和各项身体素质发展的关键时期。青少年的体质健康水平不仅关系个人健康成长和幸福生活，而且关系整个民族健康素质，关系我国人才培养的质量。为此，《中共中央 国务院关于加强青少年体育增强青少年体质的意见》强调"增强青少年体质、促进青少年健康成长，是关系国家和民族未来的大事"。"广大青少年身心健康、体魄强健、意志坚强、充满活力，是一个民族旺盛生命力的体现，是社会文明进步的标志，是国家综合实力的重要方面。"

但是，由于片面追求升学率的影响，社会和学校存在重智育、轻体育的倾向，学生课业负担过重，休息和锻炼时间严重不足，此外，许多学校体育设施和条件不足，学校体育课和体育活动难以保证，导致青少年身体素质下降。近些年，体质健康监测表明，青少年耐力、力量、速度等体能指标持续下降，视力不良率居高不下，城市超重和肥胖青少年的比例明显增加，部分农村青少年营养状况亟待改善。解决未来一代学生体质健康不断下降的问题已成为当务之急。

2006 年 12 月 23 日，教育部、国家体育总局、共青团中央联合下发的《关于开展全国亿万学生阳光体育运动的决定》，进一步深化了"健康第一"、"每天锻炼一小时，健康工作五十年，幸福生活一辈子"的健康生活理念，这是我国为改变学生体质健康状况持续下降的不利局面，推动广大学生积极快乐参加体育活动而发出的伟大号召，意义重大而深远。

阳光体育运动的要求是让中学生走向操场，走进大自然，走到阳光下。阳光体育运动也是快乐的。每个参加者积极主动热情地走进丰富多彩的体育运动，在锻炼身体强健体魄的同时，使内心充满活力，充满阳光，向往阳光，享受运动带来的快乐。阳光快乐体育的目标任务是：通过持之以恒地参与阳光快乐体育运动，让青少年养成健康的生活方式，建立奋发向上、不断进取的人生态度，使他们拥有健康的体魄、坚忍不拔的意志品质、良好的心理素

质和健全的人格，从而成长为有中国特色的社会主义事业的合格建设者和接班人，为未来拥有成功的人生打下坚实的基础。

为此，我们编写了这套丛书，真切希望能为广大青少年全面认识和了解丰富多彩的体育运动、选择出适合自己的运动项目提供一个平台，为他们更好地掌握科学的锻炼方法、获得运动健康知识提供一个窗口，从而为形成"人人参与、个个争先"的生气勃勃的校园体育锻炼氛围，为阳光快乐体育运动的顺利开展和有效实施作出微薄的贡献！适合青少年学生的体育运动项目繁多，各有特色，本系列丛书所涵盖的运动项目主要分为两大类：奥运项目和青春时尚系列运动项目。其中奥运项目包括：篮球、足球、排球、乒乓球、羽毛球、网球、游泳、跳水、花样游泳、赛艇、皮划艇、帆船、水球、田径、体操、艺术体操、重竞技运动、跆拳道、手球、棒球、垒球等；青春时尚系列运动项目主要包括：健美操、户外运动、武术套路运动、散打运动等。丰富多样的运动项目体现了本丛书的全面性、系统性的特点，方便广大青少年能够全面认识和了解丰富多彩的体育运动，根据自己的兴趣爱好、身体素质及学习和生活状况来选择适合自己的运动项目。

本丛书另一个特点是以图文结合的形式介绍每种运动项目，以图释文，图文并茂，让各种动作技术变得易懂易学。这能让青少年更形象、更轻松地理解每一个技术动作，也能更好地培养青少年的空间思维能力，增加学习兴趣。此外，本丛书按教材的逻辑结构编写，每个运动项目介绍内容包括：运动项目的起源与发展→运动项目的基本技术技能→运动项目的快乐入门→运动项目的综合知识→运动项目的竞赛规则→运动损伤及处理措施。条理清晰，简单易懂，让读者在轻松快乐学习该运动项目技术动作的同时，也可了解到相关的一些理论知识。

我们衷心希望每个青少年都能将体育运动真正融入生活、学习和成长过程中去，都能在体育运动中体验快乐，体验快乐的生活方式。祝福每一位青少年都能健康快乐地成长！

本丛书在编写过程中，得到了很多朋友的帮助，也从很多同行的著述中得到了启发，特别是陈明生老师为本套丛书提出了许多宝贵意见和指导，在此，一并表示深深的感谢！

编　者

目录
Contents

阳光快乐体育

帆 船 篇

水 球 篇

水中蛟龙：赛艇、皮划艇、帆船、水球

赛艇篇

第一章　赛艇运动概述

图 1 - 1　赛艇运动

赛艇运动是奥运会最传统的比赛项目之一。

赛艇是由一名或多名运动员乘坐特制的舟艇，双手握桨，背向舟艇前进的方向，运用其肌肉力量，通过桨和桨架简单杠杆作用进行划水，使舟艇前进的一项水上运动（如图 1 - 1）。赛艇艇身两头尖而狭长，类似织布梭子，艇内装有带滑轮能够前后移动的活动座板，两侧有桨架。桨柄较长，桨叶形如蒲扇或瓢状。舟艇上可以有舵手，也可以无舵手。

第一节　赛艇的起源、演变及奥运会发展史

一、赛艇的起源与发展

赛艇运动起源于英国。17 世纪泰晤士河的船工经常举行划船比赛。1715 年，为庆祝英王加冕，伦敦的职业水手首次举行赛艇比赛，后来赛艇比赛成为英王继位仪式的一部分（见图 1 - 2）。

1775 年，英国制定赛艇竞赛规则，同年建立赛艇俱乐部。1811 年，伊顿公学首次举行八人赛艇比赛。

1829 年，牛津大学、剑桥大学在

泰晤士河上举行了首次校际赛艇比赛，以后成为两校每年一次的传统比赛项目（见图1-3）。群众对赛艇比赛非常感兴趣，观众也较多。以后又逐渐增设了一系列的杯赛，参加比赛的已不限于两校，除英国外，有几十个国家派队参加。1839年举办赛艇杯赛。

图1-2　英王在加冕仪式中，同王后一起观看赛艇比赛

图1-3　牛津剑桥第155届赛艇对抗赛，近处为剑桥大学队、远处为牛津大学队

1846年英国人在艇舷上安装了桨架（见图1-4），加长了桨的长度，提高了划桨效果。

1847年又将重叠板的外龙骨艇改装成平滑的内龙骨艇（见图1-5），提高了赛艇的速度。1857年美国的巴布科克（Babcock）发明滑座（见图1-5），运动员划桨时能前后移动，增加腿部力量。

图1-4　桨架及活动式桨环

1882年俄国人将封闭式桨栓改为活动式桨环（见图1-4），提高了划桨幅度。1890年英国又制定了类似现代的赛艇竞赛规则。

图1-5　滑座及赛艇的内龙骨

二、国际赛艇联合会的成立

1892年，在意大利都灵成立了"国际赛艇联合会"（International Rowing Federation），简称"国际艇联"，英文缩写FISA（见图1-6），当时有会员6个。1922～1996年国际赛艇联合会的总部由都灵迁至瑞士洛

桑，1996 年 2 月重返其诞生地意大利都灵，现有会员 112 个，正式用语为法语和英语，当英文本和法文本发生冲突时，以法文本为准。中国赛艇协会（Chinese Rowing Association，英文简写 CRA，见图 1-7）于 1973 年加入国际赛艇联合会。

图 1-6　国际艇联徽章

图 1-7　中国赛艇协会徽章

1892 年举行了第 1 届欧洲赛艇锦标赛。1962 年在瑞士举行了第 1 届世界赛艇锦标赛，至 1974 年共举办了 4 届，从 1975 年起每年都举办世界锦标赛（奥运会年度除外）。国际赛艇联合会主办的比赛还有世界青年赛艇锦标赛（23 岁以下，始于 1970 年）、世界残疾人赛艇锦标赛、世界杯系列赛和世界老将赛艇比赛等。

三、赛艇项目的奥运会发展史

1896 年第 1 届奥运会已将赛艇列为正式比赛项目，但由于天气恶劣临时取消。1900 年第 2 届奥运会上举行了赛艇比赛，设 6 个单项。但当时的比赛规则不完善，比赛的距离、航道和比赛细则都不明确。1934 年，国际赛艇联合会规定比赛必须在 2000 米的直道上举行，宽度至少可容纳 3 条艇比赛。

女子赛艇项目于 1976 年第 21 届蒙特利尔奥运会上被列入奥运会项目（见图 1-8）。

1996 年亚特兰大奥运会，轻量级赛艇比赛及新规则被引入奥运会，男子、女子同时设立了轻量级赛艇项目，比赛仍为 14 项。奥运会赛艇比赛设项详见本章第三节。

图 1-8　奥运会女子赛艇比赛

四、赛艇运动在我国的发展

赛艇运动于 1913 年传入中国。当时，英国人在上海建立了"划船总会"，黄浦江上出现了赛艇。20 世纪 40 年代，俄国人在哈尔滨建立了"水上俱乐部"。但这些仅限于一些外国人的娱乐性活动，没有形成群众性活动。

赛艇运动在我国列入一项体育运动在群众中开展是新中国成立以后才开始的。1954 年，哈尔滨市首先开展了群众性的赛艇运动。1956 年 11 月，在杭州西湖举行比赛艇表演，由上海、哈尔滨、大连和杭州派人参加。1957 年秋在武汉举行了由这四个市参加的赛艇锦标赛。1959 年，赛艇列入了第 1 届全国运动会的比赛项目，有 19 个省、自治区、直辖市和解放军派队参赛（见图 1 –9）。1966 年第 1 届亚洲新兴力量运动会上，中国赛艇队包揽了赛艇 3 个项目（单人、双人、四人）的冠军。

图 1 –9　全运会上的赛艇比赛

1973 年，中国加入了国际赛艇联合会。从 1975 年起，中国派队参加世界锦标赛。值得我们骄傲的是，在 2008 年北京奥运会上，中国女子四人双桨组合唐宾、金紫薇、奚爱华、张杨杨，最终以 6 分 16 秒 06 的成绩勇夺金牌，圆了中国赛艇人 24 年的金牌梦想——从 1984 年首次参加奥运会以来第一次收获了赛艇项目的金牌（见图 1 – 10）。

图 1 – 10　中国女子四人双桨组合勇夺 2008 年奥运会金牌

目前，我国开展赛艇运动的单位已扩展到 20 多个省、自治区、直辖市。赛艇运动正在逐步走向社会，依托社会、服务社会，随着我国经济的不断发展，人民生活水平的改善，赛艇运动将成为人们健身、娱乐的好项目。

第二节　赛艇运动的特点与锻炼价值

一、赛艇运动的特点

1. 接近大自然

赛艇运动多在江河湖泊等大自然水域中进行训练和比赛，空气清新，阳光充足，受到大自然的沐浴，是老少皆宜的体育运动项目（见图 1 –11）。

2. 无世界纪录

在天然水域比赛，气候对比赛成绩会产生影响，甚至前后两组比赛时

的天气也会发生变化，因此，比赛成绩也不具有绝对的可比性。所以，赛艇比赛没有世界纪录。

图1-11　大自然环境中的赛艇运动

3. 按体重分级别

赛艇项目根据运动员体重划分为公开级和轻量级。对桨手、舵手、加重物的重量都有严格要求。男子轻量级单人双桨运动员的体重不得超过72.5千克；单人以上项目一条艇桨手的平均体重不得超过70千克，每个桨手体重最多不得超过72.5千克。女子轻量级单人双桨运动员体重不得超过59千克；单人以上项目一条艇桨手的平均体重不得超过57千克，单个桨手体重最多不得超过59千克。舵手的最轻重量为男子55千克，女子50千克；当体重不足时，应增加相应的加重物，放在离舵手最近的地方，加重物不得

超过10千克。轻量级运动员和舵手应在每天所参加项目第一次比赛开始前2小时至赛前1小时这个时间段内，身着比赛服称量体重。

二、赛艇运动的锻炼价值

赛艇运动是速度和耐力项目，经常参加锻炼，能有效地提高人体心血管和呼吸系统功能，增强全身肌肉力量和耐力，调节神经系统平衡，有利于提高人体的健康水平。并且，可培养人们坚韧不拔的意志和集体主义精神。由于该项运动在增大肺活量方面具有特殊的功效，赛艇运动员的肺活量在各项体育项目中居第一位，可达7000毫升。因此，国际上有人把它称为"肺部体操"（见图1-12）。

图1-12　赛艇运动员胸、背、肩、臂肌肉发达，而且都具有超大的肺活量

第三节　赛艇运动比赛设项及赛艇强国

一、赛艇比赛设项

目前，国际赛艇联合会设立的世界赛艇锦标赛有24个项目，分4个级别。即：男子公开级、轻量级；女子公开级、轻量级。每一个级别又按运动形式分单桨和双桨；按参加人数分单人、双人、四人、八人赛艇；有

些项目还分有舵手、无舵手。为了简化，各项目名称用字母、数字和符号的组合来表示："M"为男子，"W"为女子，"L"为轻量级，数字为桨手人数，"×"为双桨，"+"为单桨有舵手，"－"为单桨无舵手。因此赛艇运动根据桨手人数、体重、操桨方式及有无舵手，可分成8种赛艇比赛项目，见表1-1所示。

表1-1　赛艇比赛项目

名称	简称	代号	图片
单人双桨	单人艇	1×	
双人双桨	双人艇	2×	
双人单桨无舵手	双单无舵	2－	

名称	简称	代号	图片
双人单桨有舵手	双单有舵	2 +	
四人双桨	四双	4 ×	
四人单桨无舵手	四单无舵	4 –	
四人单桨有舵手	四单有舵	4 +	

名称	简称	代号	图片
八人单桨有舵手	八人艇	8＋	

奥运会赛艇比赛设 14 个项目。第 29 届北京奥运会赛艇比赛设项，如表 1－2 所示。

表 1－2　2008 年第 29 届北京奥运会赛艇比赛项目

项目	1×	2－	2×	4－	4×	8＋
男子公开级	√	√	√	√	√	√
女子公开级	√		√		√	√
男子轻量级			√	√		
女子轻量级			√			

二、赛艇强国

由于奥运会设立赛艇项目，并设有多个单项，促使各国对赛艇运动高度重视，推动了这项运动的发展。赛艇运动在欧洲较普及，德国、俄罗斯、罗马尼亚技术水平较高，曾多年保持赛艇强国。20 世纪 80 年代开始有所变化，奖牌不被少数国家所垄断，挪威、意大利、新西兰、美国、澳大利亚、加拿大等国赛艇运动进步较快，技术水平也比较高（见图 1－

13）。

男女轻量级比赛从 1996 年第 26 届亚特兰大奥运会正式列入比赛项目后，引起各国的重视。这些年来，意大利、英国、西班牙、法国、丹麦、澳大利亚的成绩较为突出。中国也在个别项目上有所突破。

图 1－13　赛艇强国大多来自欧美国家

第二章　赛艇运动综合知识

第一节　重要赛事

一、奥运会赛艇比赛

奥运会赛艇比赛是由国际奥委会和国际赛艇联合会共同举办的比赛，是国际赛艇实力最强的一次大检阅，各国的实力都在奥运会比赛中真实地反映出来。

1896 年第 1 届奥运会已将赛艇列为正式比赛项目，女子赛艇项目于 1976 年第 21 届蒙特利尔奥运会上被列入奥运会项目。1996 年亚特兰大奥运会，轻量级赛艇比赛及新规则被引入奥运会，男子、女子同时设立了轻量级赛艇项目，比赛仍为 14 项（见图 2-1；图 2-2）。

图 2-1　奥运会女子赛艇比赛

图 2-2　奥运会男子赛艇比赛

二、世界赛艇锦标赛

世界赛艇锦标赛是国际赛艇联合会主办的规模最大的比赛。赛艇世锦赛起初只设有男子项目，第1届世界男子赛艇锦标赛于1962年举行，开始为每4年一届，到1974年第4届以后改为每年1届（除奥运会年度）。从1974年起增加世界女子赛艇锦标赛和世界男子轻量级赛艇锦标赛。1985年又增加世界女子轻量级赛艇锦标赛，这样世界锦标赛成为男子公开级8项、女子公开级6项、男子轻量级6项、女子轻量级4项四大级别24项比赛（见图2-3；图2-4）。

图2-3　赛艇世锦赛男子比赛

图2-4　赛艇世锦赛女子比赛

从世锦赛四大级别水平看，欧洲国家占据了绝对优势。历届比赛中，男子金牌的90%，女子金牌的95%都被欧洲国家收入囊中。

三、亚运会赛艇比赛

从1982年第9届印度新德里亚运会开始，赛艇被列为正式比赛项目（见图2-5）。第9届亚运会赛艇比赛只设男子项目，第10届亚运会增设了女子赛艇项目。在历届亚运会赛艇比赛中，中国队常常包揽全部金牌，在亚洲的领先位置尚无法动摇。

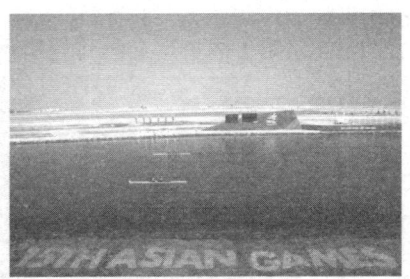

图2-5　第15届亚运会赛艇比赛场地

四、全国运动会赛艇比赛

1959年，新中国第1届全运会即把赛艇列入比赛项目，设男女共8项比赛。目前，全运会赛艇比赛由全运会组委会和中国赛艇协会共同承办，从第6届比赛开始，运动员必须在选拔赛中取得前12～16名，方能进入主办城市参加决赛。在项目设置上与奥运会相同，另增加2

项女子公开级四人单桨无舵手和女子轻量级四人双桨，共 16 项（见图 2－6；图 2－7）。

河两岸观看。收看 BBC 直播的有 770 万人，还有 116 个国家的 5 亿人也收看了卫星转播。这个数字足以媲美英超、温布尔登网球公开赛男女单打决赛和 F1 英国大奖赛。

图 2－6　全运会赛艇比赛一

图 2－7　全运会赛艇比赛二

图 2－8　2009 年第 155 届对抗赛中，剑桥大学赛艇队（左）和牛津大学赛艇队在泰晤士河上激烈拼搏

五、牛津剑桥赛艇对抗赛

至于牛津剑桥的赛艇对抗赛（见图 2－8；图 2－9）历史，相信是无人不知、无人不晓了，去看过的人回来都开玩笑说，那场面真是"相当壮观"，大家举着旗，牛津、剑桥各有自己的铁杆助威团。2007 年的对抗赛，大约 25 万名观众聚集在泰晤士

图 2－9　2009 年牛津大学赛艇队获得第 155 届对抗赛的胜利

第二节 比赛场地、设备、器材

一、比赛器材

赛艇比赛器材规格如下：

（1）舟艇、桨、桨架的制作材料、形状大小，原则上没有限制。

（2）各种舟艇的最轻重量有严格规定，见表 2 - 1。

（3）舵手的内舱开口必须至少70 厘米长、50 厘米宽。

（4）8 人艇构造必须是分段式，最长的一节不超过 11.9 米。艇首须装置一直径为 4 厘米的软橡胶或类似材料做成的白球。

（5）桨叶的周边最低厚度，单桨为 5 毫米，双桨为 3 毫米。

表 2 - 1 赛艇国际标准规格（单位：重量，千克；长度，厘米）

项目	1×	2×	2-	2+	4-	4+	4×	8+
重量	14	27	27	32	50	51	52	93
长度	800	990	990	1000	1250	1325	1325	1700
宽度	29	35	35	35	49	49	49	57
深度	9	12	12	13.5	15	16	16	18

二、场地设施

赛艇比赛的航道设在无污染的水域中。水深不低于 2 米，直线长度不少于 2200 米，宽度不得少于100 米。比赛的航道为静水，至少有 6 道，最好为 8 道，每条宽 12.5 ~ 15 米，最好为 13.5 米。航道由设置的浮标（阿尔巴诺系统）来标明。浮标的间隔距离为 10 ~ 12.5 米，可用球形标或方形标。球形标的直径不应超过 15 厘米，方形标一般为 10 厘米×10 厘米×20 厘米，其颜色最好是橘黄色，但在起航区 100 米和终点区内的浮标颜色应用红色。起点 100 米处应有两面白旗插在浮标上置于航道外两侧 5 米处，终点线航道两侧 5 米也同样置两面红色旗。从起点开始，每 500 米应置一距离标记，起终点均有清晰的标志牌。

正式比赛场地，应备有上下水码头、工作码头、消浪设施、发令塔（台）、终点塔（台）、船库等。场地设施（见图图2–10～图2–17）。

中心岛区位于比赛水道和热身水道之间，该区域包括主看台、终点塔、临时看台、广播电视综合区以及相应的贵宾、新闻媒体、赛事管理、场馆运营的临时用房等。

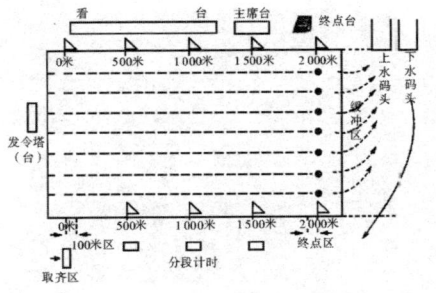

图2–10 赛艇比赛场地示意图

图2–11 北京奥运会赛艇/皮划艇比赛场地——顺义奥林匹克水上公园

图2-12　顺义奥林匹克水上公园中心岛区

图2-13　赛艇/皮划艇静水艇比赛水道（2000余米）及测速塔

图2-14　阿尔巴诺系统（主要由水上浮球、水下固定基础和钢索绳以及岸上绞盘和滑轮组成）

图2-15　静水艇比赛的终点塔和主看台

图2-16　静水比赛区起点码头和发令塔

图2-17　静水艇库

第三节　赛艇运动技术简介

　　赛艇运动主要是通过划桨动作产生的作用力使艇前进。它是一项周期性运动，一个划桨周期包括提桨入水阶段、拉桨阶段、按桨阶段、推桨阶段四个基本技术环节。由于各个阶段都相互紧密联系，彼此既密不可分又都有其各自的特殊作用。所有动作连续协调进行，用力均匀，张弛结合，充分调动人体机能的潜力。

一、提桨

提桨入水时，身体自然地团身，把身体重心移向脚蹬板的前掌上，同时推桨的双手迅速地做向前、向上的弧形运动，肩臂前伸至最远点时，用手腕使桨柄向上，使桨叶快速插入水中抓住支点。当滑轮几乎触及"前止点"时，迅速开始有力地蹬腿，此时桨叶划水已开始。提桨入水属于推桨的最后部分，是把桨往前上方推，在桨叶迅速"滑下"入水瞬间把水抓住，并紧接蹬腿。正确提桨入水的标志是水花不大或向上溅起，而不是水花飞向船头或船尾（图2-18）。

图2-18 提桨

二、拉桨

肩臂向后使桨柄沿弧线向后运动，同时用力蹬腿。拉臂、倒肩、全身配合用力拉桨，使艇获得最大推力。

拉桨的第一步：当桨叶已迅速插入水中时，两腿及时地向斜后上方蹬伸，双手保持稳定牵拉，把蹬腿力量和身体重力传递到桨叶，强有力的划水开始（图2-19）。

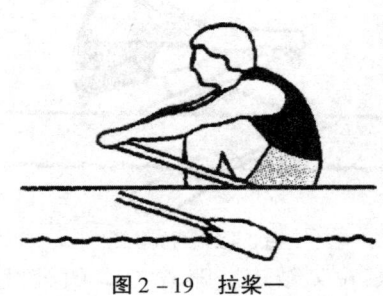

图2-19 拉桨一

拉桨的第二步：上体由自然前倾状态逐渐积极地打开朝艇首运动，上体打开速度要赶上和超过蹬腿速度，要充分发挥上体肌肉群协调配合用力，促使稳定强有力地加速划水（图2-20）。

图2-20 拉桨二

拉桨的第三步：当桨柄运动接近于船体垂直位置时，手臂的积极屈臂牵拉逐渐加强，上体继续向艇首运动，这时两肘关节呈水平屈曲，两手形成左手在上，右手在下的交叉位置继续拉桨（图2-21）。

图 2 - 21　拉桨三

拉桨结束：随着拉桨的继续，腿部逐渐伸直至上体后倾结束，这时要用上体和两臂的积极牵拉来保持脚蹬板的有力支撑，在桨叶出水前应保持上体后倒略呈含胸，重心在桨柄的后面，切忌让桨叶过早地出水。（图 2 - 22）。

图 2 - 22　拉桨四

三、按桨

拉桨至最大限度时，用前臂和手腕的协同动作，使桨柄迅速地作向下向前的弧形运动，使桨叶快速垂直出水。当两腿蹬伸结束的同时就应完成按桨动作。桨叶出水的一刹那，自然地把桨叶转成水平，脚对脚蹬板的蹬力消失，身体各肌群转入放松阶段，身体重心这时完全落在滑座上。

按桨时桨柄不应触及身体任何部位，按桨正确动作的标志是保持"水准"，先按后转，桨叶出水干净而有适当高度，出水前的"后划角"约30°（图 2 - 23）。

图 2 - 23　按桨

四、推桨

按桨出水的同时，肩臂向前手腕控制桨柄随惯性沿弧线向前推出。手握桨柄推移——带动肩和上体跟上完成上体的前倾——启动滑座前移，这个动作顺序是正确推桨技术的"三部曲"。整个推桨过程，桨叶水平移动贴近水面约 10 厘米，入水前需提前充分完成转桨叶至垂直。推桨动作应做到连贯、平稳、自然，一边推桨一边连贯地转桨柄。要避免上扬桨叶，或使桨叶上下起伏的错误产生。滑座向艇尾移动要有所控制，不可冲得太猛，抵达"前止点"的"制动"要逐渐地、稳定地进行。

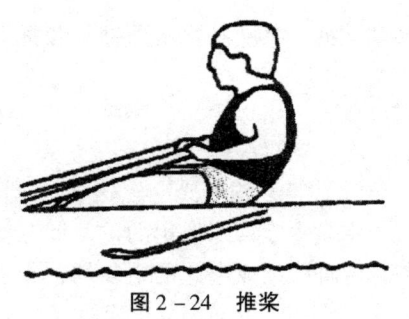

图2-24 推桨

当桨柄推伸至最远点时的基本姿势为：小腿与龙骨接近于垂直；上体前倾20°~30°；胸部贴近大腿，膝关节呈45°~60°；身体重心处于滑座蹬脚板之间。全身肌肉自然地保持适度紧张，集中精力准备入水（图2-24）。

第四节　赛艇入门训练方法

一、赛艇运动员所需的专项身体素质

1. 耐力

指心肺功能好，有氧代谢能力强以及肌肉耐力强。耐力素质决定运动员可长时间维持高强度活动。

2. 力量

指耐力力量和最大力量。力量是运动员提高运动水平的关键因素，力量素质决定了运动员是否有所发展前途。

3. 协调

指身体肌群的用力时机正确、动作方向及速度恰当，平衡稳定且有韵律性。协调性是影响运动员技术动作成熟精准、动作实效性的关键因素。

4. 柔韧

指机体各关节完成技术动作的幅度大。柔韧素质决定了运动员的划距。

二、赛艇的专项入门训练方法

训练方法的选择和运用是否得当是赛艇训练成败的重要原因。赛艇训练应综合使用各种训练方法，根据训练的不同阶段、任务和对象的具体情况而有所侧重。赛艇运动的训练方法主要分为技术训练、身体训练和战术训练几种。技术训练，主要采用的手段和方法有如下几种。

1. 技术训练

（1）分解定位训练

目的：原地分解学习和掌握划桨各阶段动作。

方法：艇静止于水面，练习是在艇保持平衡及原地不动的状态下进行的。双臂握桨向水平高度前伸，躯干及下肢向艇尾慢慢收拢，并以肩关节为轴心，两臂做上提动作，当桨叶扎进水时，动作停止。检查提桨动作是否正确，桨叶入水是否到位，上体是

否收紧等。

桨叶背向上，面向水面，在空中放回按桨状态，桨叶放入水中，桨柄放置胸腹前 10 厘米左右的按桨位置，躯干呈后仰 10°～20°之间，双臂沿躯干两侧后拉，前臂到水平状态时，动作停止。检查按桨是否到位，后仰是否正确。

要求：在每次训练课前或课中，可重复练习多次，做到严格要求每一个动作的准确性和一致性。

（2）长距离持续练习

长距离持续法在赛艇水上训练的应用主要有 2 种方式：持续稳定长划和持续变速长划。

持续稳定长划通常持续划 30～90 分钟，桨频 18～26。低速稳定长划（桨频 18～22），用于技术训练，提高氧利用能力和补偿恢复体力的训练；中速稳定长划（桨频 24～28），用于提高技术的经济性和无氧阈能力及基本耐力。长距离持续划也可以用划行的距离来计算，例如划 8 千米、10 千米或更长距离。

持续变速长划通常持续 15～60 分钟，桨频在 1～6 分钟或 2～8 分钟之间由 24 桨/分，变换到 32 桨/分。用于发展专项基础耐力、专项速度耐力和有氧、无氧混合代谢能力。

（3）不转桨划练习

目的：增加按桨出水和推桨时平衡的难度，保持推桨的直线性。

方法：在提桨和按桨时，手腕不转动桨柄，桨叶垂直水面推桨和垂直入水。

要求：出水迅速，干净利落，注意一致性和平衡性。

（4）重复练习法

赛艇水上训练使用的重复训练法包括各种距离或形式的重复划，分别在完成不同任务的训练中应用。

①起航划：规定起航快划距离，规定桨频，反复进行起航练习。例如，10～25 米起航快划，超过比赛桨频（38 桨/分），反复划数次（组）。

②短距离速度划：短距离速度划距离短（50～250 米），持续时间短（15～45 秒），间歇要求充分恢复。例如，最高艇速划 15～45 秒，桨频超过比赛桨频 5%～10%，每组重复数次，完成数组。速度划用于最大限度地提高快速供能的强度，提高划船技术动作的速度和力量，改进和完善高桨频技术。

③中等距离重复划：通常练习距离为 500～1000 米，持续划 90 秒～3 分钟，负荷强度为 90%～100% 强度。例如，3×5×600 米重复划，90%～100% 强度。中等距离重复划主要用于提高专项代谢能力、专项耐力和专项速度耐力。

④长距离重复划：练习距离为 1000～1500 米，持续划 3～4.5 分钟，强度为比赛速度和比赛桨频。例如，3×1000～1500 米重复划。长距离重复划主要用于提高机体心血管能力，

发展实战能力，体验比赛速度和节奏，发展速度耐力。

⑤超比赛距离划：练习距离为2000～4000米，持续划6～12分钟。超比赛距离划用于发展心血管系统氧运输能力，提高专项耐力、力量耐力和持续完成拉桨技术动作的能力。

（5）出水休息划练习

目的：加强按桨出水的动作感觉和提高转换节奏感觉的能力。

方法：当拉桨到腹前10厘米左右时，借助拉桨加速的惯性产生制动作用。

要求：动作自然。

（6）间歇练习法

间歇训练法是指运动员完成一次（组）练习之后，按照严格间歇时间进行某种方式的系统的供能，提高肌肉在缺氧达到极限条件下的工作能力，改善无氧活动的调节机制，发展速度耐力。间歇划划距通常为750～1250米，持续划3分钟左右，强度为比赛艇速和比赛桨频，间歇方式为休息或慢划。例如，4×750米或5×750米，95%～100%强度，3～5分钟间歇慢划。这类间歇划能有效地提高有氧－无氧混合供能能力，发展专项速度耐力和耐力，提高实战能力。

（7）还原休息划练习

目的：体会手主动带动身体转换的感觉。

方法：在桨叶离水后，平稳匀速推桨到身体成准备姿势时停顿。

要求：滑座保持不动，两腿保持对脚蹬板的支撑用力，两手自然伸直。

（8）低频技术划练习

目的：增加对桨和平衡能力的控制。

方法：每一桨，尽可能快速用力拉，尽可能慢慢地推，每分钟频率在8～12划。

要求：桨叶保持离开水面，不打水，推桨要平稳匀速。

2.专项身体训练

目的：根据赛艇运动的专项需要发展运动员的专项能力。赛艇运动的专项能力主要指耐力（心肺功能好，有氧能力强）、力量（耐力力量和最大力量强）和协调、柔韧能力。

训练方法：专项身体训练的手段很多，主要有"荡桨池"、测功仪进行的肌肉耐力和肌肉力量练习；水上的"负重划"、"增阻力划"；肌肉用力特点近似划船技术的杠铃模仿练习；6～8分钟的有氧与无氧结合的耐力跑、自行车等练习（见图2－25～图2－27）。

图2－25　"荡桨池"训练

图 2 - 26　数字化等动赛艇训练测试系统

图 2 - 27　运动员用测功仪
进行陆上力量训练

其他与专项相关的练习有：一般耐力的骑自行车越野、轻松越野长跑、控制强度的长跑、发展柔韧性的垫上运动和发展一般耐力力量的轻器械循环练习等。

3. 战术训练

赛艇比赛战术是决定比赛胜负的一个重要因素，对高水平的赛艇运动员来说，战术往往起着决定性的作用，战术安排得当往往能使比赛取胜，甚至可以战胜实力比自己强的对手；缺乏战术训练和战术安排不当，往往会败给实力比自己弱的对手。

（1）集体配合的有效性

赛艇运动除单人艇外都是集体项目，每条多人艇的人员配备是极为重要的。多人艇的成绩与多人艇的人员配备有着密切的关系。在多人艇项目中，要求几名运动员像一个人一样，不允许任何人有任何配合失误，全艇队员要协调统一，心理相容。要做到一条艇的最佳配合，在桨位的选择上，要反复多次换位，通过比赛测试比较，最后确定桨位运动员。

桨位运动员中领桨手是最重要的，他是全艇的灵魂，要求他个人能力突出，技术全面，节奏感好，心理素质好，战术意强，具有清醒的头脑和团结协作的精神。这样一条艇才称得上是最佳的集体配合。

（2）体力分配的合理性

合理的体力分配也是一种战术安排，运动员必须训练有素，经过多种战术方案的实践试验，找出最佳的体力分配方案。赛艇比赛中体力分配的战术方案有多种，常用的有等速战术、出发领先战术、变速冲刺战术、终点冲刺战术。

各种战术的体力分配都不同，如等速战术，要求在比赛全过程（从出发到最后冲刺）都要发挥最大力量，显然这种战术是最有效的，然而只有高水平的艇队才能采用这种战术。

出发领先战术，要求运动员掌握十分出色的出发技能和具有出发后立即发挥高速度的能力，在转入途中划时，开始快速冲刺，始终保持划在前面，把对手甩开，领先划到终点。这种战术体能消耗很大，所以领先时所使用的力量要考虑自己的能力，不要拼命划，保持一定速度的主动权，领先到底。在平时训练中就要经常在缺氧的条件下进行专门训练，以避免在大赛时出现过早衰竭的危险性。

终点冲刺战术，是充分利用自己的体能训练水平，避免过早把机体能力耗尽，按既定的战术，牢牢咬住对手，逐渐赶上，最后充分发挥高速度冲刺能力，去夺取胜利。

无论采用哪一种战术都要根据平时训练的实际能力，包括划桨、体力和意志品质、心理因素等，科学地运用恰当的战术，也就是最合理的体力分配。

第五节　赛艇运动常见运动损伤与预防

一、赛艇运动损伤的特点

赛艇属于体能类耐力性运动项目，这一项目是典型的周期性重复单一动作的项目。其运动损伤中，近90%集中于腰、膝、肩、背、腕部。除极个别是急性损伤外，绝大多数是在长期训练中逐渐积累产生的，即劳损性伤。

二、赛艇运动损伤的原因

1. 与专项技术的特殊要求有关

赛艇的基本技术包括提桨入水、拉桨、按桨、推桨几个部分。在拉桨的过程中，运动员从推桨末两手引桨至最大伸展位置，上体随手前倾，从胸与大腿接触（极度屈髋屈膝）的体位开始，依次完成蹬腿、伸膝、伸髋（上体抬起，臂部从前倾位朝后仰位伸展）、倒肩、屈肘、拉桨动作。

要完成这个动作，腰部将承受相当大的力。①桨手两脚蹬脚蹬架所产生的反作用力，需通过腰部传导到上体上肢再作用于水中产生效果，此时腰部肌肉起着稳定脊柱的作用。②拉桨末期，上体适当后倒以增强划水力量必然要加大腰部后群肌肉的负荷。久之，则导致腰肌劳损。

在推拉桨的过程中，膝关节频繁伸屈使髌骨腱反复折曲。特别是拉桨时，膝关节在负重情况下，由极度屈曲到伸直，髌骨与股骨关节面不断滑行、碾磨，超过了生理限度，则会导致髌骨腱病和髌骨劳损。

运动员在拉桨时，肩胛骨内收，长年累月重复这单一动作，导致肩背部肌肉筋膜慢性劳损，形成肩背部肌肉筋膜炎。

在拉桨末期，运动员强有力的翻腕动作，也可导致腕关节软组织损伤。

2. 忽视放松练习

据调查发现，许多赛艇运动员的肩背部和腰部肌肉均存在着不同程度

的僵硬现象。这是由于相当多的运动队忽视训练后的放松练习造成的。

许多运动员仅是在起水后互相之间踩压肌肉 5～10 分钟,很少考虑放松的效果。个别队员甚至连这 5～10 分钟都不愿花。单纯依赖淋浴来代替放松活动。这是导致劳损的另一个原因。大运动量训练后,运动员往往感到肌肉酸痛和僵硬。这种早期肌肉的酸痛、僵硬使疲劳的肌肉处于痉挛状态,阻碍了局部的血液循环。这种僵硬若不能及时消除,逐渐积累可发展成软组织损伤。

因此,训练后放松肌肉很重要,应当看成是训练的组成部分。有效的方法是牵拉肌肉(即伸展练习),而许多运动员却没有做到这一点。

3. 力量练习中动作不正确

赛艇训练中,力量练习处于非常重要的地位。一些运动员在力量练习时,由于动作不正确,导致损伤。比如,高翻杠铃和肩杠铃下蹲时,不按要求挺胸直腰,而采用弯腰驼背的姿势,使杠铃重心与脊柱活动中心距离加大,增大了腰背肌负荷,使腰肌损伤或劳损。举杠铃翻腕速度过快,将腕关节软组织挤压伤。

三、预防与治疗方法

1. 加强肌肉力量练习

这是预防损伤的一个十分重要的方面。在练习中要注意以下几点。

(1)动力性练习和静力性练习相结合。大多数运动队对动力性力量练习比较重视,但往往忽视静力性力量练习。事实上静力性练习同动力性练习一样重要。动力性和静力性练习联合应用的肌肉练习方法,其增强肌力的效果更佳。具体方法为每次负重时间以维持 5～10 秒为最适宜,每次增加 0.5 千克,重复 5 次在右,不断增加直至最大负荷,并维持 5～10 秒为止。每次间隔休息 20 秒。在注意动力性练习的同时,要重视静力性练习,这对预防和治疗损伤都十分重要。

(2)肌肉力量的训练要避免单一化。不但要加强与运动技术直接有关的肌群的力量练习(如斜方肌、菱形肌、肋二头肌、竖脊肌等),而且要注意协同肌(三角肌、背阔肌、臀大肌等)的训练。其中,腹肌的训练对预防腰肌劳损十分重要。当腹肌收缩,腹内压增高时,会从脊柱前方给以支持力,此力能够吸收和分散腰部负荷,减轻竖脊肌的负担。

(3)要特别注意练习动作的正确性。如蹬腿力量训练练习时,靠背腰部要有腰托,这样腰椎负荷较小。俯卧两头翘练习时,在腹部下放一软垫以减少腰凸。仰卧起坐练习,采用"团身姿势"。这些都有利于减低腰部负荷而又有效地发展肌肉力量。

2. 认真做好放松练习

应将放松练习列入训练内容的一

部分，特别是要重视静力牵拉练习。专家指出，在运动训练后加强以静力牵引为主的活动，对抑制骨骼肌超微结构变化，缓解延迟性肌肉酸痛和僵硬有良好的作用。在恢复方法上首先注意放松肌肉，再兼用其他恢复手段。在练习中，应依颈、肩、背、腰、臀、大腿进行，每个部位牵张持续 5~20 秒。牵张完成后，队员相互间再做一些放松按摩。整个放松时间不应低于 20 分钟。

3. 治疗方法

许多队员由于得不到及时有效的治疗，常常带病坚持训练和比赛，久之转为慢性。因此，对伤病要早期治疗，达到尽快恢复的效果。

在临床上对肩背肌肉筋膜炎和腰肌劳损主要采用按摩与针刺相结合的治疗方法。按摩以揉法为主，对肌肉明显痉挛的部位采用针刺，也有很好的疗效。

对髌骨腱病和髌骨劳损，采用静力站桩和按摩相结合。站桩时，双脚分开同肩宽，两脚尖平行向前，膝关节保持在屈曲 50° 左右作高位半蹲，并保持此姿势不动，躯干自然挺直。开始练习时每次站 2~5 分钟，以后逐渐增加到每次站 15~20 分钟。每天练 1 或 2 次。站桩时，血液循环在膝关节处加强，可改善损伤局部的血液供应，起到舒筋活血的作用，有利于损伤的修复。在按摩时，用揉、揉捏、搓等手法对股四头肌和膝关节周围部治疗。此手法能有效地促进局部血液循环，又能提高局部神经感觉的痛阈，对髌骨腱病和髌骨劳损有较明显的疗效。此外，运用运动创伤电疗仪，结合不同治疗药物，对赛艇运动员的腰、膝损伤进行治疗，也能收到较理想的效果。

第六节　专业术语

1. 正力（positive rorce）

赛艇运动技术术语。各种类型船艇的动力来源，有的是发动机，有的是风帆。无论是发动机驱动的螺旋桨或一帆满风吹着风帆，其动力都是连续不断的。赛艇运动的推进力却是断断续续的，因为运动员拉桨时，桨叶在水里有力的作用，这时产生推进船艇前进的积极力量，这是正力。当桨叶出水后，船艇只依靠惯性力作用，这里正力的作用消失。

2. 负力（negative force）

赛艇运动技术术语。赛艇运动的推进力和其他船艇不一样，当运动员拉桨时，桨叶在水里可以产生积极的推进力。而桨叶出水后就没有推进力的作用，而且由于滑座的运动和身体质量的方向转换，对船艇产生一个很

大的负力，这个负力对抗前进着的船艇，是一个消极力量。赛艇技术好与差的标志之一，就是要限制消极力量的作用，充分利用积极力量。

3. 划距（stroke distance）

赛艇运动技术术语。指比赛中每划一桨，船艇移动的距离，即比赛全程距离除以该艇所划的桨数。例如赛艇比赛全程为 2000 米，某艇共划了 250 桨，说明其每桨的划距为 8 米。因此划距反映了运动员划水的效果，它与运动员的划幅、桨频等因素有关。初学者和青少年运动员应强调划距，从每桨的划分效果来改进划桨技术。

4. 划桨周期（stroke eycle）

赛艇运动技术术语。指次划桨动作的全过程。赛艇运动的划桨周期由桨叶入水、桨划分、桨叶出水、回桨所组成。从运动员的动作来说，是提桨、拉桨、按转桨、推桨。整个划桨周期是连贯而不间断的。如果以每分钟划 40 桨计算，每一桨的周期时间约为 1.5 秒。

5. 划桨节奏（stoke rhythm）

赛艇运动技术术语。是指一个划桨周期内部各阶段速度和力量的比例。在一个划桨周期中，通常要求拉桨快而回桨慢，拉桨用力而回桨时放松。例如，假定每分钟划 40 桨，则每一桨的周期为 1.5 秒。划桨节奏要求拉桨用 0.5～0.6 秒，而回桨要用 0.9～1 秒。划桨节奏是运动员技术

否合理的标志之一。

6. 平桨（feathering）

赛艇运动技术术语。是指运动员将桨叶平放在水面上，平桨时运动员身体放松，桨叶背面着水，桨叶的前面向天。平桨也是一种口令，当运动员在划进中，遇到障碍物或靠近码头需要停止划桨时，舵手或教练员可以用"平桨"口令，要运动员停止划桨。

7. 回桨（recovery）

赛艇运动技术术语。桨叶出水后，运动员两手轻快流畅地把桨柄向前推出。当两臂完全伸直把桨柄推过膝盖后，滑座才启动向前移，同时上体也随着自然前到下一桨的预备姿势。整个回桨过程中，桨叶水平地在空间前移，离开水面约 15～20 厘米。回桨时要求身体平稳、自然、放松，动作比拉桨的速度相对要慢，回桨与拉桨的时间比例约为 2∶1。如果一桨的周期是 1.5 秒，则回桨约需 0.9～1 秒，而拉桨为 0.5～0.6 秒。由于回桨时较为放松，使运动员每次拉桨都能得到短暂的体力恢复。因此可以认为回桨与拉桨是放松与用力的交替。

8. 拉桨（drive，dull）

赛艇运动技术术语。桨叶入水后，运动员的体重通过腿部用力传递到脚蹬架上，与此同时运动员动用各部分肌肉积极地拉桨。从肌肉用力的顺序看，一般认为拉桨开始时主要依

靠腿部力量，然后是背部肌肉，最后是肩臂积极用力。蹬腿拉桨开始时，滑座在滑轨上向艇首移动，这时要求运动员充分利用自身体重，有如悬挂在桨柄上以便把力量全部传递到桨叶上去。从另一方面看，桨叶在水中的移动越小，划水的效果就越好。在整个划桨周期中，拉桨阶段是使赛艇推进的动力阶段，这个阶段要使运动员充分发挥其体能。

9. 按桨（press）

赛艇运动技术名词。拉桨后，两腿在转道上蹬直，躯干在滑座垂直位置后仰35°左右。双臂屈拉至膈肌部位，双手用掌心轻按桨柄移至腹部，用手腕关节作弧形下按动作，使桨叶迅速垂直出水。要求干净利落，动作快而轻巧。否则，桨叶掠水，会影响速度。这是赛艇划桨动作进入第2周期的准备过程。

10. 桨叶入水（entry）

赛艇运动技术名词。运动员在回桨以后，自然地使两臂充分向前，桨叶的正面即划水面从向上已转向向前，桨叶与水面垂直或稍微前倾，利用桨叶的首身重量下落，两臂和两手则同时自然上抬。使桨叶切入水中，形成桨叶和桨颈没入水中的最佳深度。这时运动员通过抬体和手臂牵拉，迅速使桨叶抓住水，同时把自身体重和力量完全传递到脚蹬架上，使船艇受到力的作用而推动向前进。桨叶入水

是一个划桨周期的开始，要求动作迅速而不是猛力，要求没有水花飞溅。

11. 桨叶出水（release）

赛艇运动技术术语。在两腿蹬直拉桨结束时，上体后仰大约25°，同时屈臂拉桨至膈肌部位。这时用掌心和掌根轻轻压桨柄，作弧形的按转动作，使桨叶从水中垂直地跳出水面，并迅速转成水平状态。这一按转桨的动作要求轻柔而迅速，使桨叶出水时干净利落，没有挑水或停顿的现象。因为拉桨结束后，船艇获得了推进力，正以最快的速度在滑行。如果桨叶出水的动作慢于艇速，就形成了桨叶挡水，从而影响艇的前进速度。

12. 桨频（tempo）

赛艇运动技术术语。指单位时间内的划桨次数。即比赛全程所划的桨数除以比赛成绩。从生物力学观点看，船速是由划桨频率和划距决定的。这两个变量又受到技术和器材等方面的影响。因此提高船速主要从划距和桨频两个方面提高，但是桨频不可能无限地增加，更不能为了增加桨频而降低划水的效果。赛艇比赛的桨频为30~40桨/分。以男子八人赛艇的桨频为最高，尤以起航时的桨频更为突出，甚至高达48桨/分。在训练中不同的桨频往往可以反映出不同的训练强度。

13. 倒桨（backwater, go astern）

赛艇运动技术术语。赛艇正常划

行时，运动员把桨叶放在水中，以桨叶正面拉桨，船艇则背着运动员方向前时。倒桨时，正好相反，运动员把桨叶放在水中，以桨叶正面推桨，船艇向着运动员前方即尾方向划进。倒桨通常在离、靠码头或其他应急情况时运用。

14. 提桨（lift）

赛艇运动技术名词。将桨叶对水面转为垂直角度时立即提桨柄，桨叶自水面插入水中，深至桨颈为止。人体重心从蹬脚板上用力蹬腿迅速后移，手臂与背肌同时间后用力牵拉。要求动作迅速有力，扎住水的支撑点，使舟艇受水支撑点的反作用力而被推向前进，是周期性划桨时发力的第一阶段。

第七节　观赛指南

赛艇是一项古老而文明的集体项目。几年前，国际奥委会曾有一项调查显示，赛艇在所有最受欢迎的奥运会项目中排名第四。

赛艇比赛都在空旷的户外进行，为了保证比赛的公平，国际上主要的赛道都是人工设计修筑的。赛道周围绿化通常都很好。观众们以蓝天为顶，以大地为看台，既可以看碧水中轻盈的舟艇如离弦之箭划过航道，看运动员整齐划一的划桨动作，听舟艇撞线时的汽笛，又能亲近自然，呼吸新鲜的空气，所以看赛艇比赛就像是一次郊游，一次户外的狂欢。

赛艇比赛对观众的限制较少，可以放声呐喊、擂鼓助威（见图2-28）。但在观看比赛前一定要做好防晒准备，如涂防晒霜，戴遮阳帽等。此外，比赛水域不允许观众下水游泳，到时不能图凉快跳下水去。

图2-28　观众在看台上观看赛艇比赛

赛艇比赛竞赛规则类似于径赛，但作为运用器材的水上竞速项目又有其独特之处。比赛过程中，只要不影响到别的艇，可以划到别的航道。桨手在比赛过程中落水，该艇可以继续比赛，舵手落水则该艇终止比赛。

观看赛艇比赛主要看：运动员的动作是否整齐划一、协调自然；桨叶出水是否轻盈、入水是否快捷；船滑行时的起伏是否流畅；桨叶在水下的做功距离与运动员的身材是否相称；桨频与船速的关系。

赛艇比赛场地，通常设有一些商

亭和临时餐饮点。通常，在国际比赛中，最后一天的比赛后，运动员还会在赛场自发地相互交换比赛服和纪念品。

赛艇运动员矫健的体形，整齐划一的动作，漂亮的舟艇在水面划过的轨迹以及旋转的水涡，再加上人体所必需的阳光、空气、水三大要素的映衬，无不给以美的享受。总之，赛艇运动魅力无穷、品味悠长。

第八节　我国在赛艇运动项目中取得的突破

一、我国赛艇项目的奥运成绩

1988 年汉城奥运会，获女子四人单桨有舵手银牌，并获得一块铜牌和一个第五名。

1992 年巴塞罗那奥运会，获女子轻量级双人双桨铜牌，并获得了第四、第五、第八名各一个。

图 2 - 29　女子赛艇四人双桨勇夺北京奥运会金牌

1996 年亚特兰大奥运会，获女子双人双桨银牌，此外还获得了一个第五名和一个第八名。

2000 年，中国赛艇队在悉尼遭遇滑铁卢，没能获得奖牌。

2004 年雅典奥运会，虽然没能取得奖牌，但是在女子八人单桨有舵手项目中获得第四名，并且在女子轻量级双人双桨比赛中获得第五名。

2008 年，北京奥运会，夺得赛艇女子四人双桨奥运金牌（见图 2 - 29；图 2 - 30），女子双人单桨无舵手银牌，并获得两个第四、两个第五、一个第七、一个第八名。

图 2 - 30　夺金后，姑娘们露出灿烂的笑容

二、优秀赛艇运动员简介

1. 赛艇运动国际明星

（1）佩蒂·卡皮宁（芬兰）

卡皮宁被誉为"单人双桨之王"，他曾在奥运会上实现了男子单人双桨的三连冠（1976 年、1980 年、1984 年）。此外，他还两度获得世锦赛冠军。卡皮宁在比赛中以后来居上而著

称（见图 2 - 31）。

图 2 - 31　佩蒂·卡皮宁

（2）史蒂芬·雷德格雷夫（英国）

史上最伟大的赛艇运动员。从 1984 年的洛杉矶一直到 2000 年的悉尼，雷德格雷夫连续 5 次参加奥运会的双人和四人赛艇比赛，连续 5 次夺得金牌。在 5 枚奥运金牌之外，雷德格雷夫还在其赛艇生涯中 9 次夺得世锦赛冠军（见图 2 - 32）。

图 2 - 32　史蒂芬·雷德格雷夫

（3）维亚切斯拉夫·伊万诺夫（俄罗斯）

维亚切斯拉夫·伊万诺夫在 1956 年的澳大利亚墨尔本夏季奥运会上就夺取了个人的第一枚奥运单人双桨比赛金牌。1960 年，伊万诺夫再一次夺

取了个人双桨的奥运金牌，1964 年日本东京夏季奥运会上，他在比赛中过于投入，在离终点还有 50 米的时候，短时失去知觉，等他恢复意识的时候，发现他还在领先位置，他最终还以 3.73 秒的优势在东京完成了自己的奥运单人双桨金牌三连冠。此外，他还获得 1 枚 1962 年世锦赛的金牌（见图 2 - 33）。

图 2 - 33　维·伊万诺夫

（4）杰克·贝雷斯福德（英国）

5 届奥运会，5 枚奖牌，3 金 2 银。杰克·贝雷斯福德的五枚奥运会奖牌创下了英国运动员的奥运会得奖纪录，直到最近才有著名运动员史蒂夫·格瑞夫平他的这项纪录。在他的运动生涯中，他创纪录地参加了 5 届奥运会的比赛，如果不是因为第二次世界大战的影响，1940 年奥运会被迫取消，贝雷斯福德的奥运会历史还将延续。在 1949 年，他获颁奥林匹克

杰出证书（见图 2-34）。

图 2-34　杰克·贝雷斯福德

（5）阿戈斯蒂诺·阿巴尼亚尔、卡米尼·阿巴尼亚尔和吉乌塞普·阿巴尼亚尔（意大利）

颇富传奇色彩的三兄弟。在从 1984 年到 2000 年的前后 5 届奥运会上，这三兄弟总共为意大利捧回了 5 枚金牌和 1 枚银牌。此外，三人在世锦赛上前后 16 次折桂。

2. 我国奥运赛艇金牌运动员

唐宾、金紫薇、奚爱华、张杨杨（见图 1-48~1-51）：女子四人双桨，以 6 分 16 秒 06 的成绩勇夺 2008 年北京奥运金牌。

姓名：唐宾
籍贯：辽宁
出生日期：1986.4.25
身高：1.82 米
运动经历：
2000 年进入丹东市航海运动学校，教练焉伟亮
2004 年进入辽宁队，教练姜海洋

2006 年进入国家队，教练姜海洋

图 2-35　唐宾

主要成绩：

2005 年第 10 届全国运动会，女子四人单桨第一名

2007 年世界赛艇锦标赛，女子四人双桨第三名

2007 年阿姆斯特丹赛艇世界杯，女子四人双桨冠军

姓名：金紫薇

图 2-36　金紫薇

籍贯：辽宁
出生日期：1985.10.17
身高：1.83 米
运动经历：
2000 年进入江西省队，教练员是张振平
2003 年进入国家队，教练是周琦

年、姜海洋

主要成绩：

2004 年奥运会女子八人艇第四名

2006 年世界杯女子四人艇第二名

2006 年世界杯波兰站女子四人双桨冠军

2006 年世界锦标赛女子八人单桨第四名

2007 年赛艇世界锦标赛女子四人双桨第三

姓名：奚爱华

图 2-37　奚爱华

籍贯：山东

出生日期：1982.1.27

身高：1.82 米

运动经历：

1996 年进入山东省寿光市体校，教练杨金水

1998 年进入山东队，教练贾庆斌

1999 年进入国家队，教练高鸿银

主要成绩：

2005 年第 10 届全国运动会，女子单人双桨第二名

2006 年波兹南赛艇世界杯，女子四人双桨第二名

2006 年世界赛艇锦标赛，女子四人双桨第四名

2007 年阿姆斯特丹赛艇世界杯，女子四人双桨冠军

2007 年世界赛艇锦标赛，女子四人双桨第三名

姓名：张杨杨

图 2-38　张杨杨

籍贯：吉林

出生日期：1989.2.20

身高：1.85 米

运动经历：

2004 年进入辽宁省航海运动学校，教练姜海洋

2006 年进入国家队，教练曹棉英

主要成绩：

2006 年赛艇全国锦标赛，女子单人单桨第三名

2007 年奥地利赛艇世界杯，女子四人双桨第四名

2008 年慕尼黑赛艇世界杯，女子四人双桨第四名

第三章　比赛规则要点

第一节　体重要求规则

一、关于轻量级运动员

（1）男子轻量级运动员的体重

①单人艇运动员体重不得超过72.5千克。

②多人艇桨手的平均体重不得超过70千克。其中每个桨手的体重不得超过72.5千克。

（2）女子轻量级运动员的体重

①单人艇运动员体重不得超过59千克。

②多人艇桨手的平均体重不得超过57千克。其中每个桨手的体重不得超过59千克。

（3）轻量级男女桨手至少应穿比赛服在每天第一场比赛前2小时至赛前1小时的时间段内称量体重。

二、关于舵手

①舵手是多人艇成员之一。因此，女子艇只能是女舵手，男子艇只能是男舵手。青年多人艇舵手年龄必须属于青年级别，成年多人艇舵手没有年龄限制。

②舵手的最轻重量（穿比赛服），男子为55千克，女子和青年为50千克。舵手体重不足时，应增加相应的加重物。加重物应由静物组成，任何器材部件不能视为加重物。它必须放在最靠近舵手的地方。

③加重物不得超过5千克。

④舵手（包括轻量级）至少应穿比赛服，在每天第一场比赛前2小时至赛前1小时的时间段内称体重。检查委员会可以要求他们多次称体重。

第二节　比赛通则

①检查组在赛前或赛后，对参赛艇运动员的资格、服装颜色、体重、舟艇等进行检查或抽查。

②运动员划向起点附近，发令员宣布：×队×道时，运动员即可进入自己航道练习。

③当发令员宣布"Two Minutes"时，各艇必须就位做好出发准备。如未就位，将给予警告1次。

④发令员根据情况，开始点名。点名结束后，喊预备口令"Attention"，然后举红旗，清楚地停顿之后向一边挥下红旗，同时喊动令"Go"。

⑤2次犯规（2次抢航或被各种原因警告过1次而又抢航1次）的舟艇，被取消比赛资格。

⑥每组比赛抢航总数不超过3次，第3次抢航的舟艇将被取消比赛资格。

⑦在100米起航区内器材损坏的舟艇，应及时举手示意，经航道裁判员证实后可召回重新起航，如不属于器材损坏范围则比赛继续。

第三节　出发和冲刺

一、出发（又叫起航）

当所有参赛舟艇在比赛起航线就位时，发令员会发出口令"Two Minutes"。此时，所有参赛选手都全神贯注地等待发令员的指令。

当发令员确认所有参赛选手和工作人员全部就位，会再次逐航道点名，以作最后确认。如果起点裁判员仍平举白旗或开启着白色灯，发令员则可发出"Attention"的口令。

如果起点裁判员的白旗放下或白灯熄灭，比赛不会开始。下达"Attention"口令后不久，发令员会按下一个按钮，蜂鸣声响起，同时起航线上挡在每条赛艇前端的"V"型挡板会自动沉入水中，比赛正式开始。

如果发现有人抢航，发令员将用铃声召回赛艇，重新比赛。抢航后拒绝召回者，比赛成绩无效。

如因风浪过大使舟艇排齐困难时，与终点联络后，发令员告诉各艇：将使用快速起航发令。用"Attention"代替点名，然后举旗，喊预令和动令："Set - Go！"。

起航后，在起航区发生器材损坏的舟艇，应及时举手示意。经航道裁判证实后，如该艇没有抢航或其他犯规，将召回全组重新起航。

二、冲刺

每条赛艇的艇首通过终点线的时候，终点裁判员都要按下计时器，同时拉响终点汽笛。

每一赛道都有3名裁判根据冲刺照片进行判断名次。如果在决赛中出现2条赛艇同时冲线的情况，则2条船名次并列。如果在其他比赛中出现两条船同时冲线的情况，并且这一结果可能会影响某参赛队下一轮比赛，则安排在2小时内进行重赛。

皮划艇篇

第一章　皮划艇运动概述

皮划艇运动是桨手乘坐一种特制的小艇，由 1 个或几个桨手，双手持桨，面向前方划进的一种水上运动。

皮划艇分为皮艇和划艇 2 种，都是两头尖、没有桨架的小艇。皮艇和划艇在船形结构、划桨器材、握桨方法以及技术动作等方面完全不同，因此，皮艇和划艇在竞技运动中存在着相当大的差异：皮艇是人坐在艇内，手握一支两端桨叶约成 90°的桨，在艇两侧轮流划水前进，皮艇有舵，通过双脚操纵控制航向；划艇是人的一条腿成弓步在前，一条腿在后跪在艇上，双手握一支形如铲子般的单面桨，在艇的一侧划水前进，划艇无舵，全靠划桨动作控制航向。

图 1 – 1　皮划艇运动

第一节　皮划艇的起源、演变及奥运会发展史

一、皮划艇的起源与发展

皮划艇的出现已有很久的历史，可以追溯到远古时代。据史书记载，皮艇起源于北美洲格陵兰岛上爱斯基摩人用动物皮包在木架子上制作的兽皮船，它是爱斯基摩人乘坐出行狩猎的基本工具。划艇起源于加拿大，北

阿拉斯加，以渔猎为生的印第安人将树干掏空，坐在里面用木棍划行，故又称独木舟。皮艇和划艇的英文名称分别为 Kayak（原意指爱斯基摩人的独木舟）和 Canoe（原意也是指独木舟），它们是由古代重要的交通工具独木舟发展而来（见图 1-2；图 1-3）。

图 1-2　皮艇

图 1-3　划艇

远古时期的皮划艇，主要是用于狩猎、钓鱼。直到 19 世纪后期，1865 年，苏格兰人约翰·麦克格雷戈（John MacGregor）仿兽皮船制造了一条长 4 米、宽 75 厘米、重 30 千克的"诺布·诺侬"号号封闭式皮艇，驾艇穿越了瑞典、芬兰、德国、英国，引起人们的兴趣。很快，该艇的仿制品便风靡了欧洲大陆。19 世纪 90 年代，皮划艇运动在欧洲得到广泛

开展。

最初人们主要是将皮划艇用于短途旅游、探险。随着皮划艇运动的广泛开展，在美国、英国、加拿大、法国、德国、瑞典等国相继成立了皮划艇俱乐部或协会。从此，皮划艇运动就风靡全球，被数以万计的爱好者所推崇。皮划艇自身也正式作为一项体育运动，并逐渐形成了竞赛活动。

在开展皮划艇运动过程中，为了不断提高艇速，艇形、材料等不断得到改进提高。

19 世纪末德国工程师赫曼根据自己的经验，将皮艇制造成鱼形，大大提高了艇速（见图 1-4；图 1-5）。此后，英国造艇专家弗龙德发现船体越长阻力越小，速度也越快，因此造船者纷纷加长船体。

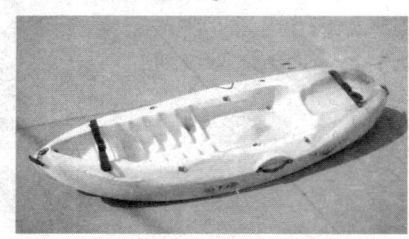

图 1-4　现代鱼形皮划艇

图 1-5　加长船体的皮划艇

1923 年，丹麦、瑞典、奥地利等国组成了一个工作委员会，规定艇的长度为 5.2 米，宽度为 51 厘米，一直沿用至今。

1956 年又出现凹形船体。到 1960 年，横向的凹形轮廓线达到顶点。1964 年，国际划联又制定了"无凹面"的规则，使艇设计标准化。但是人们又设计出菱形皮划艇，1972 年出现玻璃钢艇。

近年来，又出现蜂窝结构的碳素纤维艇。而美国造船家为提高船速，在皮艇外壳制造厂人工鲨鱼皮，其表面有一层平行的"里布勒特"沟纹，这些又细又密的沟纹，能使水平稳地流过，不会形成漩涡，但这种设计未被国际划联通过。尽管如此，其精神仍是可嘉的，因为皮划艇运动必须协调人的技术、运动器材和水的作用这三者的关系。

二、国际皮划艇联合会的成立

1924 年 1 月，由奥地利、丹麦、德国和瑞士划艇协会发起，在丹麦首都哥本哈根成立了"国际皮划艇联合会"（International Canoe Federation），简称"国际划联"，英文缩写 ICF（见图 1 -6）。

国际划联拟定了代表大会的章程和第一个皮划艇竞赛规则。1946 年 6 月，在斯德哥尔摩召开的代表大会上确定现名。现有协会会员 113 个。正式工作用语为英、法和德语。中国皮划艇运动协会（Chinese Canoeing Association，英文简写 CCA，见图 1 -7）于 1974 年 10 月 18 日加入国际皮划艇联合会。

图 1 - 6　国际皮划艇联合会徽章

图 1 - 7　中国皮划艇协会徽章

国际皮划艇联合会成立初期，只规定皮艇项目的比赛，随着项目的普及和发展，激流皮划艇运动在静水皮划艇运动的基础上发展起来。

三、皮划艇项目的奥运会发展史

1924 年，作为表演项目进入法国巴黎举行的第 8 届奥运会，加拿大和美国的运动员在塞纳河上进行了划艇表演赛。

1936 年，在柏林举行的第 11 届

奥运会上，皮划艇被列为奥运会正式比赛项目。共进行了 9 个项目的比赛，分别是男子 1000 米单人皮艇、双人皮艇、单人划艇、双人划艇，10000 米单人皮艇、双人皮艇、双人划艇，以及可拆卸的 10000 米单人皮艇和双人皮艇（拆卸式皮艇用木架和水帆布制作，携带比较方便，是由德国发明的。由于速度不如木质艇，所以只在第 11 届奥运会上露了一次面就销声匿迹了）。

第 14 届奥运会，增加了 10000 米单人划艇和女子 500 米单人皮艇。

1960 年在罗马举行的第 17 届奥运会，取消了所有 10000 米距离的比赛，增加了男子 4×500 米皮艇接力和女子 500 米双人皮艇比赛。

1964 年又把接力比赛改为男子 1000 米四人皮艇。

1976 年又增加了男子 500 米单人、双人皮艇和划艇项目的比赛。1984 年洛杉矶奥运会又增加了女子 500 米四人皮艇项目。至此，奥运会皮划艇静水比赛共设 12 个比赛项目。

激流回旋皮划艇项在 1972 年第 10 届慕尼黑奥运会上首次成为正式比赛项目。由于花费太高，该项目也在慕尼黑奥运会之后马上撤出了奥运会。1992 年第 25 届巴塞罗那奥运会激流回旋赛重返奥运赛场（见图 1－8）。

图 1－8　激流回旋重返奥运赛场

四、皮划艇项目在我国的发展

早在 2000 多年前，中国就有了与皮划艇运动十分相似的"划龙舟"比赛。现代皮划艇运动是于 1930 年前后传入中国的。英国人首先在上海设立了"划船总会"，后来俄国人又在东北设立"水上俱乐部"，那时的皮划艇运动是专供外国人娱乐的。

1952 年底，中国首次制造出自己的皮划艇。1954 年在北京市水上运动会上，设立了男子 1000 米和女子 500 米皮艇比赛项目。"文革"期间，皮划艇运动被迫停止开展，直至 1972 年才得以恢复。1974 年中国加入国际划联。1975 年皮划艇被列为全运会正式项目，同年中国开始参加世界锦标赛。2004 年雅典奥运会，孟关良和杨文军取得男子 500 米双人划艇金牌，标志中国皮划艇运动已经有部分项目步入世界最先进行列。

我国的广大人民群众对激流皮划艇运动也充满兴趣，许多著名的江、河中已开展起皮划艇竞赛和橡皮艇旅游活动。贵州的马岭河峡谷、湖南的猛洞河、云南的怒江等一些具有优良条件的激流划艇运动和漂流活动场地正在被开发利用。我国旅游部门已在全国 20 多处设立了漂流活动点，为广大群众参与活动不断创造条件（见图 1 – 9 ~ 图 1 – 11）。

图 1 – 10　我国的激流皮划艇旅游活动二

图 1 – 9　我国的激流皮划艇旅游活动一

图 1 – 11　我国的激流皮划艇旅游活动三

第二节　皮划艇运动的特点与锻炼价值

一、皮划艇运动的特点

皮艇和划艇比赛分两大类：速度赛和激流回旋赛。速度赛在静水域进行，而激流回旋赛在动水域进行。

皮划艇是充满力量和拼搏精神的项目，是回归自然、挑战自然的现代人们追求的时尚运动。

二、皮划艇运动的锻炼价值

皮划艇运动均属速度和耐力项目。经常参加皮划艇运动可促进人体心血管和呼吸系统的功能，加大肺活量，增强全身肌肉力量和耐力，是健身锻炼的好项目，深受人们的喜爱。

皮划艇也是具有实用价值的项目，人们已将其用于勘探、测量、侦察、旅游、探险等方面。随着社会的发展，人们生活水平的提高，激流皮划艇运动，激流障碍回旋、激流马拉松、激流漂流、皮艇球等项目应运而生。这些项目的出现，立即得到了人们，特别是追求时尚、热衷户外运动的年轻人的喜爱。其中障碍回旋项目，以其独特的惊险和优美动作，吸引了广大的观众和参与者，迅速在世界各地普及（图 1 – 12 ~ 1 – 15）。

图 1 - 12 皮划艇运动回归自然、搏击风浪

图 1 - 14 皮划艇旅游度假

图 1 - 13 皮划艇娱乐休闲

图 1 - 15 皮划艇漂流探险

第三节 皮划艇运动比赛设项及皮划艇强国

一、皮划艇比赛设项

奥运会皮划艇比赛共设 16 个项目,其中静水赛 12 项,激流回旋赛 4 项（见图 1 - 16 ~ 1 - 23）。

1. 皮划艇静水 12 个比赛项目

男子 1000 米单人皮艇、男子 1000 米双人皮艇、男子 1000 米四人皮艇;

男子 500 米单人皮艇、男子 500 米双人皮艇;

男子 1000 米单人划艇、男子 1000 米双人划艇;

男子 500 米单人划艇、男子 500

米双人划艇;

女子 500 米单人皮艇、女子 500 米双人皮艇和女子 500 米四人皮艇。见表 1 - 1。

2. 皮划艇激流回旋 4 个比赛项目

男子单人皮艇、男子单人划艇、男子双人划艇和女子单人皮艇。见表 1 - 2。

图 1 - 16 静水单人皮艇

表 1-1 皮划艇静水项目

皮艇		划艇	
男子	女子	男子	女子
K1　1000 米		C1　1000 米	
K2　1000 米		C2　1000 米	
K4　1000 米	K4　500 米		
K1　500 米	K1　500 米	C1　500 米	
K2　500 米	K2　500 米	C2　500 米	

表 1-2 皮划艇激流回旋项目

皮艇		划艇	
男子	女子	男子	女子
K1	K1	C1	
		C2	

图 1-17　静水双人皮艇

图 1-19　静水单人划艇

图 1-18　静水四人皮艇

图 1-20　静水双人划艇

图1-21　激流回旋单人皮艇

图1-22　激流回旋单人划艇

图1-23　激流回旋双人划艇

从悉尼奥运会开始采取资格赛制度，男子皮划艇和女子皮艇获得奥运会参赛资格的艇数分别为102和32，合计134条艇；获得资格的男子皮划艇运动员为174名，女子皮艇运动员为22名，合计246名。这些资格分配给各国家或地区奥委会而不是直接给运动员。

激流皮划艇项目共有82名运动员获得奥运会参赛资格，另外有2个

特邀名额。如果举办国在各个项目上都没有获得参赛资格，剩余的名额将会优先分配给东道主。

二、皮划艇强国

皮划艇运动在欧洲有着广泛的群众基础，历来比赛的优胜者属欧洲国家。德国、匈牙利和前苏联等是静水项目的传统强国（见图1-24）。

图1-24　皮划艇强国大都来自欧洲

在第11届奥运会上，皮艇的强队是德国队与奥地利队，划艇的强队是加拿大队和捷克斯洛伐克队。

第二次世界大战以后，从1948年第14届奥运会到1972年第20届奥运会，男子皮艇共有23块金牌，其中瑞典队获得9块。罗马尼亚、捷克斯洛伐克、苏联和匈牙利的实力较接近。女子皮艇共11块金牌，苏联队夺去7块。

从1976年蒙特利尔奥运会开始，皮艇和划艇都增加了500米距离的比赛项目。1976年、1980年和1984年的三届奥运会上，男子皮艇15块金牌，前苏联夺得5块，民主德国与新西兰各4块。划艇12块金牌中，前

苏联占 1/3，罗马尼亚与南斯拉夫各 2 块。女子 7 块中，民主德国占 3 块。

1988 年汉城奥运会上，美国和新西兰的男子皮艇冲击了欧洲的一统天下，夺走了 3 块金牌，但是德国、前苏联和匈牙利仍保持着强大优势。前苏联解体后金牌分布的格局有所变化，而德国的优势更为突出。1992 年巴塞罗那奥运会上，独联体只获得 1 块金牌，而德国却夺取了 6 块。非、欧洲国家只有澳大利亚获得男子 1000 米单人皮艇冠军。1996 年亚特兰大奥运会上，欧洲国家再度称霸划坛，包揽了全部 12 块金牌，其中德国队在多人艇项目中获 4 块金牌。

上述这 3 届奥运会的 36 块金牌，男子皮艇 15 块，德国有 5 块；女子皮艇 9 块，德国也是 5 块；划艇 12 块，德国有 3 块。因此德国在目前皮划艇项目中是最强大的，它在近 3 届奥运会上获得的金牌达总金牌数的 1/3 强，其次是匈牙利和保加利亚。尽管在第 26 届奥运会上皮划艇金牌的获得者都是欧洲国家，但人们也同时注意到，金牌已分散到 6 个国家，竞争愈来愈激烈，成绩愈来愈接近了。

水中蛟龙：赛艇、皮划艇、帆船、水球

第二章　皮划艇运动综合知识

第一节　重要赛事

一、奥运会皮划艇比赛

1936年第11届柏林奥运会上，皮划艇被列为正式比赛项目。1992年第25届巴塞罗那奥运会的皮划艇比赛项目达到16项，并沿用至今。

它们是：男子1000米单人皮艇、双人皮艇、四人皮艇，男子500米单人皮艇、双人皮艇，男子1000米单人划艇、双人划艇，男子500米单人划艇、双人划艇，女子500米单人皮艇、双人皮艇、四人皮艇等12项静水比赛项目和男子单人皮艇、单人划艇、双人划艇，女子单人皮艇等4项激流回旋比赛项目（见图2-1；图2-2）。

图2-1　奥运会皮划艇激流回旋项目

图2-2　奥运会皮划艇静水项目

二、世界皮划艇锦标赛

世界皮划艇锦标赛是国际皮划艇联合会独立举办的规模最大的比赛。自1970年举办第1届世界皮划艇锦标赛后，除奥运年外，每年都举行一次。世界皮划艇锦标赛共设30个比赛项目，其中静水比赛26项，激流回旋4项（见图2-3；图2-4）。

图2-3　皮划艇世锦赛静水皮艇比赛

1. 静水项目

男子组：200米、500米、1000米单人皮艇、双人皮艇、四人皮艇；

200 米、500 米、1000 米单人划艇、双人划艇、四人划艇。

女子组：200 米、500 米单人皮艇、双人皮艇、四人皮艇；

1000 米单人皮艇、双人皮艇。

图 2-4　皮划艇世锦赛静水划艇比赛

2. 激流回旋项目

激流回旋项目只在逢奇数年才列入皮划艇世锦赛比赛项目，包括：男、女单人皮艇和男子单人、女子双人划艇 4 项。

世界皮划艇锦标赛与奥运会不同，比赛项目较多，限制较少，凡参加国际划联的会员协会都有权参加世锦赛，每项比赛每国限报 1 条艇，另报替补队员不限。这些方面都有利于推动世界皮划艇运动的发展，深受世界各国的普遍欢迎。

三、亚运会皮划艇比赛

亚运会皮划艇比赛始于 1990 年北京第 11 届亚运会，在此之前只有亚洲锦标赛。首次比赛设男子 9 项，女子 3 项，共 12 项。目前，亚运会皮划艇比赛项目有：男子 500 米单人皮艇、双人皮艇、四人皮艇、单人划艇、双人划艇，男子 1000 米单人皮艇、双人皮艇、四人皮艇、单人划艇、双人划艇；女子 500 米单人皮艇、双人皮艇、四人皮艇共 13 项。在亚洲，中国、哈萨克斯坦、乌兹别克斯坦都是传统强国，在金牌的争夺上十分激烈（见图 2-5）。

图 2-5　亚运会皮划艇比赛

四、全运会皮划艇比赛

1975 年第 3 届全运会上，皮划艇被列为正式比赛项目。全运会皮划艇比赛由全运会组委会和中国皮划艇协会共同承办，每 4 年举行一次（见图 2-6）。比赛项目有：男子 500 米单人皮艇、双人皮艇、单人划艇、双人划艇，男子 1000 米单人皮艇、双人皮艇、四人皮艇、单人划艇、双人划艇；女子 500 米单人皮艇、双人皮艇、四人皮艇共 12 项。

图 2-6　全运会皮划艇比赛

第二节　比赛场地、设备、器材

一、比赛器材

现代皮艇和划艇的艇身大多为木制船架，用航空胶合板或玻璃钢做艇壳，外形呈流线型，表面光洁，又轻又窄，狭长如梭子一般（见图 2 – 7；图 2 – 8）。

图 2 – 7　皮艇

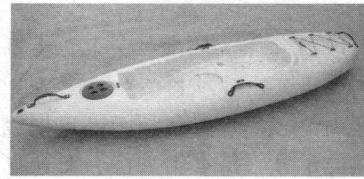

图 2 – 8　划艇

1. 皮划艇静水项目比赛器材

（1）皮艇的器材规格

皮艇的主要附件有脚蹬板、坐板、舵杆、舵绳、舵等。

国际规则对皮艇的长度、窄度及最小重量均有限制。舟艇最大长度：单人艇为 5.20 米，双人艇为 6.50 米，四人艇为 11 米；最轻重量：单人艇为 12 千克，双人艇为 18 千克，四人艇为 30 千克（见表 2 – 1）。

比赛规则规定：皮艇如果因为装舵而加长了艇体的长度，就要限制舵

叶厚度。单人艇和双人艇的舵叶厚度不得超过 10 毫米，四人艇的艇叶厚度不得超过 12 毫米。

皮艇桨必须两头有桨叶。皮艇桨叶从 20 世纪 60 年代以后由方形改变成羽毛形，两端桨的角度由原来互成 90°改为互成 86°～88°，桨叶弯曲度也显著减小。桨杆从原来的圆形改成椭圆形。桨的长度无统一规定，一般男子桨为 2.22～2.28 米，女子桨为 2.16～2.22 米（见图 2 – 33）。各种桨的重量、长度，桨叶形状、面积大小，没有严格统一的规定，可根据运动员身高、技术风格、力量大小、性别及艇种进行选择。

（2）划艇的器材规格

规则规定划艇制造时必须使船体纵轴的两侧对称，不能有舵及任何能指导航向的设施。

划艇可以完全敞开，如果有覆盖的甲板，则单人划艇封闭部分从船头量起不能超过 150 厘米，从船尾量起不能超过 75 厘米；双人划艇的敞开部分不少于 295 厘米；四人划艇的敞开部分不少于 410 厘米。单人划艇和双人艇可以完全敞开，最少敞开长度为 280 厘米；船的边缘（船舷上缘）可沿整个限定的敞开处延伸，最多在船上延伸 5 厘米。单人划艇和双人划艇的艇身可以完全敞开，如果阖闭，

它们中间敞开长度不得小于 280 厘米；四人划艇的中间敞开长度不得小于 390 厘米。划艇两弦必须与中线对称，艇下不能装舵。划艇的最大长度和最轻重量要求见表 2 - 1。划艇桨只能一头有桨叶（见图 2 - 9）。

表 2 - 1　皮划艇规格（单位：长度，厘米；重量，千克）

艇的类型	单人皮艇	双人皮艇	四人皮艇	单人划艇	双人划艇
最大长度	520	650	1100	520	650
最轻重量	12	18	30	16	20
艇种符号	K1	K2	K4	C1	C2

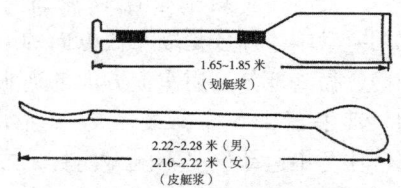

图 2 - 9　皮艇和划艇桨的规格

2. 皮划艇激流回旋项目比赛器材

皮划艇激流回旋的器材共有 3 种型号，规格尺寸不同。单人皮艇至少长 3.5 米，宽 0.6 米；单人划艇至少长 3.5 米，宽 0.65 米；双人划艇至少长 4.1 米，宽 0.75 米。

艇的最轻重量（以艇处于干燥状态时重量为准）：单人皮艇 9 千克；单人划艇 10 千克；各种型号的双人划艇均为 15 千克。艇上的装饰是附件，不是艇的一部分。参赛艇的艇头和艇尾部分的最小半径，水平方向为 2 厘米，垂直方向为 1 厘米。艇上不允许装舵。

皮艇是带舱盖的艇，运动员坐在舱内用双叶桨划动；划艇不是带舱盖的艇，运动员跪在舱内用单叶桨划动。

二、场地设施

1. 皮划艇静水项目场地设施

在奥运会比赛中，皮划艇静水比赛通常与赛艇比赛合用一个水上赛道，为满足赛艇比赛的需求，赛道必须满足以下最小测量范围的要求。其场地设施请参见第一章图 1 - 22 ~ 1 - 29。

水域条件：长 1400 米（直线距离），宽 120 米，最小深度 2 米；航道旁边至少有一边直的河岸离第一条航道的最大距离为 50 米。航道方向要选择与赛季主导风向纵轴一致，静水尤流速。水深最浅不少于 2 米，应无水草和暗礁、暗桩。

消浪装置：河岸是缓和的防浪斜坡，由大石块或其他特殊材料建成网状，以便波浪翻滚不至溢出河堤。

水面设置一条专用通道，让参赛者进入比赛区或训练区。

皮划艇静水奥运会比赛距离为

1000 米和 500 米。比赛采用 9 条航道，每条航道宽 9 米；在布置比赛航道时必须根据规则规定的阿尔巴诺（Al-bano）系统布置。在奥运会上必须使用自动起航器和电子计时系统。

距离标志：在航道的两侧 1000 米、750 米、500 米、250 米处，应设距离标志牌，大小为 2 米×1 米，白底黑字，字体应明显，高度 75 厘米。此标若为人工航道，可设在岸边作永久性的设施。如在湖泊、非人工航道，标志可设在活动浮台上，浮台定位固定。

起点、终点线上的标志牌：起点线标志清楚，让运动员、裁判员和观众一目了然，起终点线两端距航道线 5 米以外，应分别设两面小红旗插在直径 40 厘米的水鼓上。起点、终点一侧延长线，均应设供裁判员判断抢航、判断名次、摄像用的标志牌，其规格为高 3 米、宽 0.5 米，底板为橘黄色或白色，中间对准线 10 厘米为黑色。

终点塔：这是比赛的核心区域，一般为 4 或 5 层的小楼，作为终点计时系统操作室、终点计时裁判室、仲裁室、竞赛委员会、终点录像室、广播室和媒体摄像室等使用。一般情况下，贵宾区紧邻终点塔，便于观看运动员通过终点线的精彩表现。

艇库：艇库一般靠近上下水码头，与运动员活动区和其他比赛设施临近。比赛艇一般存放在架子上，艇库有开放式和封闭式两种。在举办比赛时也可把船停放在室外。

2. 皮划艇激流回旋项目场地设施

赛道长为 250～400 米。其测量标准是从起点线至终点线之间水道的中间最小值；赛道最小平均宽度 8 米，水流落差一般大于 5 米，水深大于 0.6 米。

赛道中有固定的和可移动的障碍物。根据训练和比赛需要，可以将障碍物组合成多种不同形式。

比赛时，赛道中布置 18～25 个水门。其中一部分是顺水流方向的顺水门，另一部分是逆水流方向的逆水门。其中至少 6 个，最多 7 个逆水门，比赛中运动员要不触碰门杆，顺利通过规定的顺水门和逆水门。

水门由两根悬垂的门杆组成。顺水门杆漆成绿白相间，逆水门杆漆成红白相间，最下面的一段均为白色。门宽指两门杆之间的距离，介于 1.2 米～4 米之间。门杆为圆形，长 1.6 米～2 米，直径 3.5 厘米～5 厘米，有足够的重量，刮风时不会有大的摆动。门杆下端距水面约 20 厘米高，以不被水触动为宜。

运动员在比赛时必须按门编号顺序通过水门。门号牌为 30 厘米长，30 厘米宽，底色为黄或白色，两面用黑漆写上 20 厘米高的号码。

热身和放松水域一般在起点区域或终点区域。

场地设施情况请参见图 2-10～图 2-14。

图2-10 北京奥运会皮划艇激流回旋场地

赛道呈环形设置，长度515米，起点和终点水门动态高差至少为6米，设置12000个临时坐席，场地设有比赛赛道、热身道、下滑冲浪赛道、水道、出发池、终点湖等比赛设施。

图2-12 比赛赛道，水门及号码，远处为看台

图2-13 热身与放松水域

图2-11 激流回旋场地的障碍物

图2-14 水艇库

第三节 皮划艇运动技术简介

皮划艇的基本技术大致可分为插桨（入水）、拉桨、出桨和推桨（摆桨）。皮艇有匈牙利、德国和斯堪的纳维亚3种技术；划艇有捷克斯洛伐克、加拿大和瑞典3种技术。

一、皮艇技术

1. 选桨和握桨

皮艇运动员选桨时，两手正握桨杆，对称地放在头顶上。上臂与两肩平行，肘关节屈曲成90°，这时两手距离桨颈15厘米左右，如再加上两端桨叶的长度（桨叶一般长45～55厘米），即为该运动员较适宜的桨长。另一种选桨方法是运动员站立在平地，一手握桨竖立在身前，另一手臂举起用食指和中指能勾住桨叶顶端，即是适宜用桨。

握桨时，运动员可以用右手操纵转桨，左手成空握；也可以左手操纵转桨，右手成空握（见图2－15）。

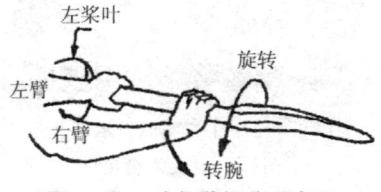

图2－15　皮艇桨握桨示意图

2. 坐姿

运动员坐在船舱内的中心线上以利于保持艇的平衡。两膝屈成120°～130°，躯干前倾5°～15°。运动员自然地正坐船中，头部正直，颈部放松，两眼正视前方（见图2－16）。

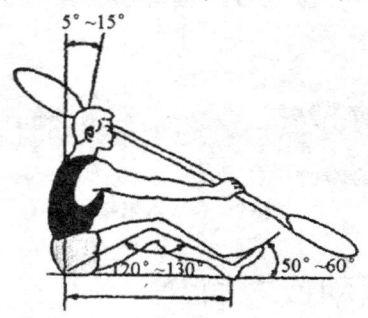

图2－16　皮艇运动员坐姿示意图

3. 划桨技术

皮艇划桨是以两边相同的动作在左右两侧轮流重复划动，要求运动员动作高度协调。划桨单个周期动作的构成（见图2－17）。

（1）入水和抓水

入水时拉桨的肩向上、拉桨臂前伸，充分转体。桨叶贴近船体，桨叶入水时与水平面成40°～50°角。推桨手在头旁，与前额齐平或稍高。

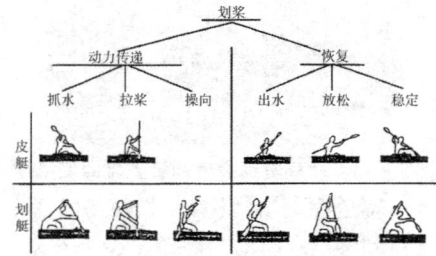

图2－17　皮艇和划艇的划桨周期

（2）拉桨

抓水和拉桨之间没有间隔。拉桨时要用躯干转动的力量，拉桨臂自然伸直，桨叶靠近船舷。有力的转体伴随着双肩和双臂的推拉动作，把动力通过脚蹬和坐板，最大限度地传递给船体，推动船体前进。在拉桨过程中，保持桨叶处于垂直方向的时间越长，对艇的动力传递越有利。皮艇运动员必须充分利用腿部力量，在抓水时，膝关节的伸展要和手臂动作一致，蹬腿和手臂动作要高度协调。

（3）恢复

恢复分出水、放松和稳定三个部分。

出水：拉桨臂拉桨至髋关节处结束，这时迅速提肘，手腕向外翻转，使桨叶从侧向滑出水面。桨叶出水必须干净利索。

放松：拉桨臂在一侧拉桨出水后，另一侧桨叶入水前，是放松和稳定的阶段。在放松阶段，运动员双肩下垂，大部分肌肉放松。这时拉桨手迅速向上挥桨，复位到肩的上方。

稳定：稳定阶段是恢复的最后环

节。运动员屏住呼吸，全身肌肉重新紧张，为下一次强有力地入水做好准备。

二、划艇技术

1. 选桨和握桨

由于单人划艇与双人划艇用桨的长度不同，运动员要根据用途来选桨。一般单人划艇桨的长度同运动员的身高，双人划艇桨的长度与运动员的眉梢齐平。两手握桨时，上手（推桨手）正握桨把（手柄），下手（拉桨手）握在距桨颈15~20厘米处。

2. 跪姿

划艇运动员在艇内成跪姿势可以保持较好的稳定性。通常运动员把支撑腿（平衡腿）的脚、跪腿的膝和跪腿的脚这三点，稳妥地放在一个钝三角形的顶点上。支撑腿的脚趾朝划桨一侧稍向内转，而膝部正对着前方。跪腿的大腿基本上垂直于水平面，小腿向异侧偏移，脚趾着地。跪垫一般高7~10厘米，桨手的身体重心位于划艇的几何中心之上（见图2-18）。

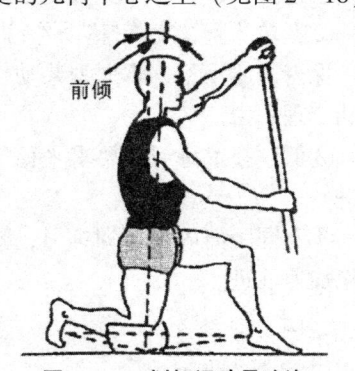

前倾

图2-18 划艇运动员跪姿

3. 划桨技术

划艇分左桨和右桨，划桨动作是单侧划行，因此比皮艇更难控制平衡，它的一个划桨周期也可以分为入水、拉桨、操向、出水、恢复和稳定阶段（见图2-17）。

（1）入水

入水是从桨叶尖端触水面到桨叶全部浸入水中的阶段。入水时，运动员的躯干前倾，转体伸肩。两臂伸直，推桨臂的肘部抬高，肩稍后移，手在头的上方。桨杆与水平面约成45°角，将桨叶快速插入水中。

（2）拉桨

桨叶入水后，推桨手迅速前推，拉桨手的肩后移，用抬体和转体的力量直臂向后拉桨。拉桨至跪腿旁开始屈臂，到上体抬至接近垂直时拉桨结束。拉桨动作要尽可能长地保持力的传递。

（3）操向（转拨桨）

在单人划艇上，由于桨手始终在艇的一侧划桨，力偶作用会造成艇的转动，因此，在每一桨结束时，桨手用J形划法来控制舟艇的方向。桨手以推桨手的下压和转动T形桨把，拉桨手手腕内转上提，顺时针地转动杆，好像桨手把水拨离开舟艇，从而使舟艇保持在直线航向上。

（4）出水

操向动作结束，两手继续向前上方提桨，桨叶迅速出水。出水动作必须快而轻柔，使桨叶出水干净利落。

（5）恢复

桨叶出水后，运动员上身挺直，开始转动上体，并把桨继续向前上方推出。恢复阶段应强调肌肉的放松和呼吸，这是使划桨动作连贯、协调的

重要阶段。

（6）稳定

在恢复阶段的最后，运动员全身肌肉再度紧张，屏住呼吸，准备下一次桨叶入水。

第四节　皮划艇入门训练方法

一、皮划艇运动员所需的专项身体素质

1. 耐力

指心肺功能好，有氧代谢能力强以及肌肉耐力强。耐力素质决定运动员可长时间维持高强度活动。

2. 力量

指耐力力量和最大力量强。力量是运动员提高运动水平的关键因素，力量素质决定了运动员是否有所发展前途。

3. 协调

指身体肌群的用力时机正确、动作方向及速度恰当，平衡稳定且有韵律性。协调性是影响运动员技术动作成熟精准、动作实效性的关键因素。

4. 柔韧

指机体各关节完成技术动作的幅度大。柔韧素质决定了运动员的划距。

二、皮划艇的专项入门训练方法

1. 技术训练

（1）陆上练习

①掌握握桨和转桨动作练习。

②划桨分解动作练习：熟悉划桨各阶段动作和动作路线。

③划桨完整动作练习：掌握动作的连贯和协调。

④坐在长板凳上或跪在地上做划桨练习：改进和提高完整动作的连贯性和协调性。

⑤在划桨池中做划桨练习：熟练划桨动作路线，掌握划桨动作节奏和合理用力。

（2）水上练习

①在重心较低的无坐板艇上或宽艇上做完整动作练习，要求划桨动作正确、连贯、协调。

②在单人艇上做完整动作练习，要求保持船艇平稳，掌握划桨动作节奏和合理用力。

③低频技术练习，要求平稳匀速前进。

④不同距离的技术划练习，要求平稳加速前进。

2. 身体训练

（1）力量训练

①最大力量训练

发展最大力量，主要有两条途径：一是通过增大肌肉生理横断面，增加肌肉收缩力量；二是改善肌肉的内协调能力，提高神经系统指挥肌肉工作的能力，动员更多的运动单位参加工作。

②相对力量训练

具体方法是：训练的负重量要大，一般是用85%以上的强度，以动员更多的运动单位参与工作，减少肌肉功能性肥大。练习的数量，每组3次，做6～10组。练习时动作要连贯，带点爆发式用力，但间歇时间要充分一些。

③速度力量训练

发展速度力量的主要方法有负重和不负重练习：

负重练习：一般采用本人最大力量的40%～60%的强度，兼顾力量和速度两方面的发展；练习的次数和组数，通常每组重复练习5～10次，做3～6组。但组数的确定应以运动员不降低完成动作的速度为限，如动作速度下降，应停止练习；组间的间歇时间应充分，但也不宜过长（见图2－19）。

不负重练习：不负重练习主要是克服自身体重的各种练习。如采用跳绳练习发展下肢的速度力量，特别是爆发力。这种练习可以是徒手的，也可以是带轻器械的。其目的是通过发展动作速度来发展快速力量。练习可

6～10次为一组，做6～10组，组间间歇2～3分钟。练习中要注意动作的快速有力，并符合专项比赛动作的技术要求。皮划艇运动员多采用哑铃、壶铃、杠铃杆和实心球等器械练习。

图2－19　练习者进行陆上专项力量训练

④力量耐力训练

发展力量耐力的主要方法如下。

练习的强度：若是发展克服较大阻力的力量耐力，可采用本人最大力量的75%～80%的负荷强度进行重复练习；若是发展克服较小阻力的力量耐力，其最小负荷强度不能小于本人最大负荷强度的35%，若低于35%的负荷强度，则练习效果不大。

练习的重复次数与组数：一般要达到极限的重复次数，即坚持做到不能再做为止。

练习的持续时间：若是采用动力

性练习，可由练习的次数和组数确定，以完成预定的次、组数为其练习持续的时间；若是采用静力性练习，单个动作的持续时间一般是 10 ～ 30 秒。

组间的间歇时间：要在未完全恢复的情况下就进行下一组练习，以达到疲劳积累和发展力量耐力的目的。如进行几组练习后，运动员已相当疲劳了，就可适当延长组间休息时间。

（2）专项耐力训练

专项耐力是指有机体克服专项运动负荷所产生的疲劳的能力。皮划艇运动的比赛距离为 200 ～ 5000 米，各比赛距离的专项耐力具有不同的特征。短距离是以糖酵解供能为主的速度耐力，长距离则是以有氧供能为主。同时，皮划艇运动又具有力量性的特点，因此，它又有力量耐力的特征。

（3）灵敏训练

皮划艇运动是常在各种水域条件下进行的一项运动，水有深（水库）、有浅（一般小湖、人工航道）、有流速、无流速，有时有风、有浪、有时风平浪静，所以皮划艇运动员要进行适应划船环境条件变化的各种灵敏训练。如风的变化过程中的训练，由小风到较大的风，由左侧风到右侧风，从顶风到顺风；从不适应到适应，提高运动员的专项灵敏性，也提高运动员不怕风浪的竞技能力。

（4）柔韧训练

①静力性拉伸

静力拉伸是一种简单易行且富有成效的伸展肌肉的方法。它是通过缓慢到静止的动作过肉、肌腱、韧带拉伸到有一定酸、胀、疼痛的感觉位置（程度），使这些软组织产生适应性，并维持该动作姿势一段时间，然后恢复原位。通常在酸、胀、痛的位置停留 10 ～ 30 秒，每块肌肉反复练习 4 ～ 6 次。

②动力性拉伸

动力性拉伸是通过快速、有节奏的动作，使幅度逐渐加大，并多次重复一个动作的拉伸方法；由于被拉伸后快速复原，如此重复练习，使肌肉、韧带更富有弹性，也有利于增大肌力。

3. 战术训练

皮划艇的战术有 2 种：①在直道上比赛战术，常用的有领先战术、匀速战术和负分段战术（前松后紧）即加速战术；②在 5000 米长距离比赛中的借浪和反借浪战术。

（1）直道战术

①领先战术。领先是 500 米比赛中最常用的战术，这一战术的指导思想是在比赛中利用领先后坚持下去的方法给对手施加心理压力。领先战术的训练，要求有大量的、持续时间为 30 ～ 45 秒的出发练习，以及较长时间的高强度、最大速度的练习。为了培养运动员一出发就有取胜的气势，心

理训练也是十分重要的。控制节奏是这一战术中的重要部分，桨频的控制又是这种战术的另一重要部分。

②匀速战术。采用这种战术时，运动员前半程的速度低于出发速度，后半程的速度却高于整个赛程的平均速度。因此，这一战术要求有较高的平均速度。

匀速战术的训练需要大量高强度桨频的训练和有控制的出发训练，特别是在多人艇中，通过身体动作语言的交流，建立起相互的兴奋控制是非常必要的。领桨手在出发时就要控制正确的节奏和桨频，以便全队统一跟上，均衡桨频，保证在较高平均速度的情况下，匀速前进。

③负分段战术。负分段战术是指划完各个分段的时间是递减的，即时间增量是负数，所以叫负分段。因为在比赛中，舟艇要受到邻近舟艇的波浪的影响，尤其当邻近航道上的艇是划得比较快的强手时，这样可以借助前面艇的波浪，充分运用乘浪，来实施负分段战术。

负分段战术适用于 1000 米和长距离比赛（对 500 米来说，由于分段距离只能是 100 米，间隔距离太短，所以难以成功地控制负分段）。这一战术的训练，需要良好的速度感和控制桨频的能力。通常采用高强度和高速度相结合的练习，最好是较均匀地加速。

（2）长距离战术

长距离比赛战术除了运用直道比赛的"领先战术""匀速战术"外，还可以采用规则允许的借浪战术（乘浪战术）和转弯绕标战术。

借浪是利用前面一条艇的尾浪来帮助推动自己船艇向前的技术。如果自己的艇在前面的尾浪峰前，借浪运动员的艇与前面造浪运动员的艇的速度相同，借浪运动员可以节省30%～50%的体力。如果前面的艇吃水深或运动员较重，则其尾浪较大，乘浪就是将自己的艇置于尾浪尖上，造成艇尾翘起，使艇持续"顺山坡往下滑"。乘浪时，要辨认乘第一浪，还是第二浪、第三浪。领先艇所造的第一浪最深，利用效果最好，而第二、第三浪几乎不能将艇尾托起。

长距离比赛的拐弯有专门的战术。皮艇运动员成群甚至成行地到达弯道，所有这些艇不能同时拐弯。一般来说，在拐弯处领先的艇比落后的艇要略占优势。如接近弯道，在里道稍落后的运动员可以立即划到领先者的尾浪上去，这样可以避免碰着弯道上的浮标，既拐了小弯又节省了体力，等到拐弯结束，他又悄悄地划到领先者的边浪上去。靠在右边的运动员有2种选择：①加速并与领先的艇几乎并排拐弯；②留在后面绕到前者的尾浪上，然后再尽力赶上去。多人艇艇大，速度快，惯性也大，要注意在拐弯处避免发生许多不必要的碰撞。

第五节　皮划艇运动常见运动损伤与预防

一、皮划艇运动损伤的特点

皮划艇也属于体能类耐力性运动项目，其绝大多数运动损伤都集中于腰、膝、肩、背、腕部，是在长期训练中逐渐积累产生的劳损性伤。

二、皮划艇运动损伤的原因

皮划艇专项技术的特殊要求导致了运动员伤病的发生。

皮划艇运动员在完成插桨、拉桨、出桨、推桨及加快船体运动时，身体的动作幅度，桨频的提高，都依赖于腰部运动。在一次又一次划桨周期中，运动员腰部要循环往复成百上千次来完成一个周期性的脊柱抬体或扭转动作，腰部屈曲肌群因腰部肌群的收缩，使脊柱形成强有力的屈曲旋转动作，并给脊柱一个巨大的压力与扭转力。长期巨大的压力与扭转力的复合作用，容易使腰部骨骼和肌肉造成疲劳性损伤。

赛艇（单桨）、划艇均属不对称性运动项目，可导致左右腰背肌肉力量相差较大，可形成肌肉脊柱侧弯，最后导致腰部损伤。从腰椎血循环的特点出发，椎管内压升高，也可引起腰痛。

划艇运动员过多地、太集中地活动腰部，使腰部的组织负担量过大，负荷超限。长期体位姿势不良，使躯干部的受力经常处于不平衡状态。划艇运动员屈曲身躯的坐姿，使他们腰部肌肉和韧带过久处于紧张的牵拉状态，局部血运和代谢发生障碍，天长日久，势必发生腰部组织变性和发炎，特别对尚未完全发育成熟的青少年运动员来说，易使他们的脊柱造成破坏性改变，使腰部受到损伤。此外，划艇运动员膝部损伤的主要原因是膝关节长期处于半蹲位姿势，膝关节局部长期负担过重或反复的细微损伤积累而成。其原理是：当膝关节处于半蹲位时，关节软骨面上所承受的力是相当大的，而当膝关节半蹲位发力或扭转活动时，所承受的牵拉张力更大，不但使膝关节受到更强的压力，而且还会受到摩擦力的作用，当这些力的作用超过组织细胞的生理负荷，影响了局部的代谢，必然会造成局部组织细胞的损伤和破坏（变性或死亡），从而引起一系列病理变化。

皮划艇激流回旋项目中，由于训练比赛场地的不同（天然场地、半天然场地、人工场地在水流量、落差、场地构造因素、天气水温等方面相差较大），常常造成运动员受伤。容易致伤的情况主要有：逆水回旋门容易受伤，翻船容易受伤，发力时桨意外触河道容易受伤，单双划反手容易受伤，比赛河道水流量大、落差大、水冷容易受伤，场地难度大容易受伤，新场地容易受伤等。在没有适应和摸清新场地构造、水流、落差情况下就下水训练易伤，特别是水流量大、水流急、落差大时，路线判断选择和准确性不够，插桨、拉桨、拨桨时机掌握不好不到位，分析借助利用水流的能力差，造成动作连接不好，不能一气呵成，影响了力的传递，用力脱节而受伤。

三、预防与治疗方法

1. 加强肌肉力量练习

这是预防损伤的一个十分重要的方面。

①动力性练习和静力性练习相结合，这对预防和治疗损伤都十分重要。

②肌肉力量的训练要避免单一化。不但要加强与运动技术直接有关的肌群的力量练习，而且要注意协同肌的训练。其中，腹肌的训练对预防腰部损伤十分重要。

③要特别注意练习动作的正确性。如蹬腿练习时，靠背腰部要有腰托，这样腰椎负荷较小。仰卧起坐练习，采用"团身姿势"。这些都有利于减低腰部负荷而又有效地发展肌肉力量。

2. 加强易受伤部位的专门练习

①既要做正常的专项技术训练活动，也要做加强易受伤部位和薄弱环节的专门训练，有目的地增强关节周围

的肌肉力量和韧带的弹性，从而加强关节的稳定与坚固，以提高机体抗伤能力。

如，发展肩轴肌肉的力量加强肩关节的稳定与坚固，加强腹背肌训练可以防止腰背部损伤。预防膝关节损伤，必须加强大腿肌肉力量的训练，不仅注意股四头肌，也要注意大腿后面的肌群，因为它们对增强膝关节的稳定性和保护膝关节也有重要的作用。加强身体素质的训练和提高，可大大减少运动伤病的发生。

②训练和比赛后，应及时将腰部和膝部汗液揩去，在平时应注意穿护膝、戴腰带，注意腰、膝等部位的保暖，防止风寒湿侵袭。

③根据激流运动的特点，应重点发展上肢爆发力、耐久力、柔韧性、背肌、胸肌、腰腹肌力量。

3. 认真做好放松练习

训练和比赛后的休整阶段，应采取系统的恢复手段，以积极性放松为主，在大强度运动停止后，应自由放松划一段时间，然后依对颈、肩、背、腰、臀、大腿进行静力牵引，上岸后及时对腰部、膝部等按摩，局部热敷、桑拿浴等。

4. 加强运动中的保护与帮助

如，激流项目在训练与比赛中稍有闪失就容易受伤，运动员应从思想上给予足够重视，同时还应加强保护与自我保护意识。训练比赛时要戴好

头盔穿好防风防水的衣服,练好基本功,如在急流中翻船时的徒手爱斯基摩翻滚技术。在训练中运动员也要做好自我监督随时注意自己的主观感觉(如头晕、疲乏等),特别注意背肩肘等各关节周围肌肉、韧带有无酸痛、僵硬,当有不良反应时,就不宜加大负荷量。此外还要注意气候水温、场地服装是否符合要求,在进行大运动量时,应对肩肘等易伤部位用护肩护肘或弹性绷带固定。教练员、运动员都应学会易伤部位冷敷、包扎等相关的保护方法等。

5. 治疗方法

在临床上对肩背肌肉筋膜炎和腰肌劳损主要采用按摩与针刺相结合的治疗方法。按摩以揉法为主,对肌肉明显痉挛的部位采用针刺,也有很好的疗效。对膝关节劳损,采用静力站桩和按摩相结合。站桩时,双脚分开同肩宽,两脚尖平行向前,膝关节保持在屈曲50°左右作高位半蹲,并保持此姿势不动,躯干自然挺直。开始练习时每次站 2~5 分钟,以后逐渐增加到每次站 15~20 分钟。每天练一或二次。站桩时,血液循环在膝关节处加强,可改善损伤局部的血液供应,起到舒筋活血的作用,有利于损伤的修复。在按摩时,用揉、揉捏、搓等手法对股四头肌和膝关节周围部治疗。此手法能有效地促进局部血液循环,又能提高局部神经感觉的痛闭,对膝关节劳损有较明显的疗效。

第六节　专业术语

1. 划幅（length of rowing oar）
指桨叶入水至出水间划行的距离。

2. 划水路线（water line）
指桨叶在水中划行的轨迹。

3. 划桨频率（rate of stroke, stroke）
指一定时间内划桨的次数。一般为每分钟的 30~40 桨。各类艇的男子和女子项目,根据训练水平对有效桨频均有规定。

4. 划桨节奏（rhythm or rowing）
指桨叶划水和回桨的时间比例。

每一划桨周期中,推桨时放松,拉桨时用力,形成鲜明节奏。能使有关部位的肌肉得到短暂休息,有利于合理发挥体力、加快划速。

5. 划桨周期（rowing phase）
指划桨完整动作的总称。由桨叶入水、划水和回桨 3 个连贯动作组成。一个完整动作称为一个划桨周期。

6. 起航（start）
指舟艇由静止状态转为运动状态,称为"起航"。及时正确掌握起

航技术，能使舟艇在最短时间内获得最快速度，取得预先的优势。

7. 倒桨（back water）

同划桨动作相反，倒桨可使舟艇反方向前进。

8. 乘浪（ride the wave）

皮划艇行进时，借助其他艇产生的波浪力量，使自己舟艇加速向前推进的一种操纵技术。

第七节　观赛指南

皮划艇比赛是一项能够给人很大美感和愉悦享受的运动，它既有激烈的对抗和竞争，也有运动员完美发挥技术时展现的运动之美和韵律之美。所以观众在观看比赛的时候，应当动静结合。

观看比赛的时候，观众能欣赏到运动员矫健的体形，有力的动作，漂亮的舟艇在激流中划过的轨迹。再加上人体所必需的阳光、空气、水三大要素，无不给人以美的享受。同时，皮划艇比赛因为在室外进行，加上水的反光作用，要注意防晒并进行适当的防暑降温的保护。观众可随身携带防晒霜，但是看台上尽量不要打伞，因为这会影响后面观众的视线，可以戴一顶遮阳帽，墨镜也是必备的观赛用品。另外有条件的观众可以携带望远镜，因为赛场真的非常大。如果感觉天要下雨，也可以拿上雨衣备用。观赛期间多喝水，天气热，流汗多，防止中暑。

由于皮划艇项目的比赛场地都选在室外，观众也只能在水面的两岸为

运动员加油助威（见图2－20；图2－21）。皮划艇赛场和田径赛场类似，只要发令后，您可以尽情为喜爱的运动员加油助威，不怕声音大，小了运动员反而听不到。在静水比赛项目中，无论是单人项目还是多人项目，比赛的关键在于节奏的掌控。观众最好能找准运动员的比赛节奏，跟着运动员划桨的节奏为他们加油，这样才会真正帮助运动员。

图2－20　观众观看皮划艇静水比赛

图2－21　观众观看皮划艇激流回旋比赛

第八节　我国在皮划艇运动项目中取得的突破

一、我国皮划艇项目的奥运成绩

1992 年巴塞罗那奥运会，中国皮划艇女队首次参加奥运就获得 500 米四人皮艇第五名和 500 米双人皮艇第七名。

图 2－22　孟关良、杨文军在奥运比赛中

1996 年亚特兰大奥运会上，获女子 500 米四人皮艇项目上获得了第四名。

2004 年雅典奥运会上，孟关良、杨文军以微弱的优势夺得了男子 500 米双人划艇的金牌，实现了皮划艇项目上金牌零的突破。此外，还获得男子 500 米单人划艇第九名，男子 1000 米双人划艇第九名，女子 500 米单人皮艇第九名，女子 500 米双人皮艇第四名，女子 500 米四人皮艇第七名。

2008 年北京奥运会，孟关良、杨文军这对雅典奥运会冠军组合以 1 分 41 秒 025 的成绩成功卫冕男子 500 米双人划艇，成为这个项目奥运史上首对蝉联冠军的选手（见图 2－22；图 2－23）。此外，还获得男子双人划艇 1000 米第五名（陈忠云、张志武），女子单人皮艇 500 米第五名（钟红燕），男子单人皮艇 500 米第六名 (李强)，男子四人皮艇 1000 米第八名，女子四人皮艇 500 米第九名，男子双人皮艇 1000 米第九名。

图 2－23　孟关良、杨文军成功卫冕男子 500 米双人划艇，成为这个项目奥运史上首对蝉联冠军的选手

二、优秀皮划艇运动员简介

1. 皮划艇运动国际明星

（1）比尔吉特·费舍尔（Birgit Fischer，德国）

最伟大的划艇冠军。

奥运成绩：金牌 8 枚，银牌 4 枚。

世界锦标赛：金牌 27 枚，银牌 6

枚，铜牌2枚。

比尔吉特·费舍尔是奥运历史上唯一有20年参赛经历的运动员，也是唯一夺取过12枚奥运会奖牌的划艇运动员。奥运会历史上夺取皮划艇金牌最年轻的运动员（18岁）。她总共获得8金4银总共12枚奥运奖牌，她成为赛艇项目上获得奖牌最多的运动员，同时也是继游泳运动员菲尔普斯、体操运动员拉蒂尼娜后，获得奥运金牌第三多的运动员（见图2-24）。

图2-24　比尔吉特·费舍尔

（2）盖德·弗雷德里克松（Gert Fredriksson，瑞典）

奥运成绩：金牌6枚，银牌1枚，铜牌1枚。

世界锦标赛：金牌4枚，银牌1枚，铜牌1枚。

盖德·弗雷德里克松是奥运会历史上最成功的皮划艇运动员之一。在1948~1960年间，他参加了4届奥运会，夺取6金1银1铜。1948年伦敦奥运会的10000米金牌是他的第一枚

奥运会奖牌，在比赛中，他以领先第二名30.5秒的成绩夺冠。第二天，他又以较大优势赢得了1000米金牌，比赛中，他直到距离终点50米的时候还在第四的位置，但仅仅50米距离，就让他超越了所有其他对手。1952年赫尔辛基奥运会上，他在10000米项目上夺取银牌，并成功卫冕1000米金牌，以金牌为自己的37岁生日送上了一份生日礼物。1956年澳大利亚墨尔本奥运会，弗雷德里克松仍然夺取了最后一块10000米金牌，此后10000米皮划艇项目从奥运比赛项目中去除。1960罗马奥运会是四十岁的弗雷德里克松作为运动员参加的最后一次奥运会，在意大利，他夺取K-1级1000米比赛的铜牌，并和队友合作赢得1000米双人划艇的金牌，成为奥运会历史上，夺取金牌年龄最大的皮划艇运动员。四年后，弗雷德里克松以瑞典教练的身份重返奥运会赛场。1982年，他被国际奥委会授予铜质奥林匹克勋章。他还参加了4届世锦赛，获得4金1银1铜（见图2-25）。

图2-25　盖德·弗雷德里克松（左二）

2. 我国奥运皮划艇金牌运动员

2004 年雅典奥运会上，孟关良、杨文军以微弱的优势夺得了男子 500 米双人划艇的金牌，实现了我国皮划艇项目上金牌零的突破。

2008 年北京奥运会，孟关良、杨文军成功卫冕男子 500 米双人划艇，成为这个项目奥运史上首对蝉联冠军的选手（见图 2－26～图 2－28）。

图 2－26　孟关良、杨文军——2004 年和 2008 年奥运会男子 500 米双人划艇金牌组合

图 2－27　孟关良

（1）孟关良

生日：1977. 1. 24

籍贯：浙江

身高：1. 82 米

主要战绩：

2004 年雅典奥运会男子双人划艇冠军（与杨文军）；

2008 年世界杯匈牙利站男子 C2－500、C2－200 冠军，杜伊斯堡站 C2－500 冠军；

2008 年北京奥运会男子双人划艇 500 米冠军（与杨文军）。

图 2－28　杨文军

（2）杨文军

生日：1983. 12. 25

籍贯：江西

身高：1. 77 米

主要战绩：

2004 年雅典奥运会男子双人划艇冠军（与孟关良）；

2006 年多哈亚运会男子单人划艇 500 米冠军；

2008 年北京奥运会男子双人划艇 500 米冠军（与孟关良）。

第三章　比赛规则要点

皮划艇静水和激流回旋竞赛规则是由国际皮划艇联合会制定的，适用于国际划联承认的国际比赛。

一、静水项目比赛规则

1. 出发

应通过抽签方式决定参赛艇参加预赛的道次，依次排列。运动员应按时，以便作好起航的准备工作。

起航应不受任何缺席者的影响。取旗员负责协调各艇在起点的位置，应使参赛艇的船头处于起航线上。发令员在认为可以发令时喊"10秒内将出发"，之后在10秒内的适当时机发令，发令口令为"Go"或鸣发令枪。

2. 比赛途中规定

比赛进行时，禁止非参赛的船艇进入整个或部分航道，甚至浮标外区域。在1000米以内的比赛中，参赛运动员必须在从起点至终点的本航道内划行。运动员应尽可能地保持在其航道的中心线上划行，两名运动员之间距离不得小于5米。

在比赛过程中，由于本身原因而翻船的舟艇，允许运动员不依靠他人帮助重新上船继续比赛，但不得越出本航道，并应在下一组比赛开始前划到终点才有效。

3. 皮划艇比赛绕标

皮划艇长距离比赛，可在有转弯标志的航道上进行。一律以左舷弯标志的外侧通过转弯处（即逆时针方向划进）。在转弯时，处于里航道舟艇的艇首正横线与处于外航道舟艇座舱前缘（双人皮艇和4人皮艇均指第1名运动员的座舱。单人划艇指运动员的躯干，双人划艇以前边1名运动员躯干）相连或已超出，处于外航道的舟艇必须给里航道的舟艇留出足够的水域进行绕标。在绕标时，为了给本队同伴造成有利条件而故意犯规者，应取消全队成绩。比赛舟艇不是因取巧而碰撞转弯标志时，可以继续比赛。但所有运动员必须绕过规定的所有标志，如有遗漏，应取消比赛资格

4. 通过终点规定

艇首到达终点线的时间为到达时间，艇中的运动员必须全部通过本航道的终点线才算有效。此时，终点裁判长应用音响设备发出到达信号。

比赛舟艇通过终点线，艇上应有航道牌，如因故航道牌失落，运动员应向终点裁判长说明情况并报告航道

号码，等待航道裁判员的决定。

二、激流回旋项目比赛规则

1. 出发规定

一般情况下，运动员在出发区准备就绪，采取静止出发方式，由一名扶船员帮助出发。预赛出发顺序由国际划联根据运动员的世界排名确定；半决赛的出发顺序根据预赛成绩确定；决赛的出发顺序根据半决赛成绩确定，成绩好的后出发。

2. 通过水门、罚分与漏门等规定

运动员必须按照水门号码顺序和标出的正确方向通过各个水门。水门的设置由总裁判长、裁判长、技术组织者、和赛道设计者确定。运动员的整个头部及艇身全部或部分通过水门杆之间连线，艇、桨及身体的任何部位不触及门杆并以指定方向通过水门时，视为正确通过，不罚分；如运动员艇、桨或身体在通过水门时触及门杆，视为碰杆，罚2分；如运动员没有通过指定水门或方向错误，视为漏门，罚50分。

比赛过程中桨折断或丢失时，运动员只能使用艇上的备用桨。当艇底向上，运动员（C2中任一运动员）脱离艇时可视为翻艇。

3. 计算成绩和公布成绩

两轮比赛时间（以秒为单位）+ 罚分 = 成绩。每轮比赛成绩计算方法，例：

比赛时间：$2:20.82 = 60 + 60 + 20.82 = 140.82$，

罚　分：$2 + 2 + 50 = 54$，

总　计：194.82 秒。

运动员在比赛中脱离艇则被取消该轮比赛成绩。

帆船篇

第一章　帆船运动概述

图1-1　帆船运动

帆船运动是水上运动项目之一。

帆船比赛是运动员驾驶帆船在规定的场地内比赛速度的一项运动。

在帆船运动中，运动员依靠自然风力作用于船帆上，驾驶船只前进，是一项集竞技、娱乐、观赏、探险于一体，以智慧技巧为主，体能为辅的体育运动项目。它具有较高的观赏性，备受人们喜爱。现代帆船运动已经成为世界沿海国家和地区最为普及和喜闻乐见的体育活动之一，也是各国人民进行体育、文化交流的重要内容（见图1-1）。

第一节　帆船的起源、演变及奥运会发展史

一、帆船运动的起源与发展

1. 帆船

帆船起源于欧洲，是一种古老的水上交通运输工具，其历史可以追溯到远古时代。古代的荷兰，地势很低，所以开凿了很多运河，人们普遍使用小帆船运输或捕鱼。这种小船是由一棵独木或用木排、竹排编制而成，这是世界上最早的帆船。

帆船运动的历史悠久，最早竞技记载是公元前70年古罗马诗人维基尔在叙事诗《伊尼特》中详细描述的特洛伊到意大利的一次帆船竞赛活动。到了13世纪，威尼斯开始定期举行帆船比赛，当时比赛船只没有统一的规格和级别（见图1-2；图1-3）。

图1-2　中世纪的木帆船一

图1-3　中世纪的木帆船二

现代帆船运动则起源于荷兰。1660年荷兰的阿姆斯特丹市长将一条名为"玛丽"的帆船送给英国国王查理二世。1662年，英王举办了一次英国与荷兰之间的帆船比赛，比赛路线是格林尼治——格来乌散德——格林尼治。这是早期规模较大的帆船比赛。

18世纪，帆船俱乐部和帆船协会相继诞生。1720年前后，英国、美国、瑞典、德国、法国、俄罗斯等国家先后成立了帆船俱乐部或帆船竞赛协会，各国之间经常进行大规模的帆船比赛。19世纪初，英国创建了皇家帆船中队，美国成立了纽约帆船俱乐部。1870年美国和英国举行了第1届著名的横渡大西洋"美洲杯"帆船比赛。1900年举行第一次世界性的大型帆船赛。

2. 帆板

帆板运动是介于帆船和冲浪之间的新兴水上运动项目，帆板由带有稳向板的板体、有万向节的桅杆、帆和帆杆组成。

运动员利用吹到帆上的自然风力，站在板上，通过帆杆操纵帆使帆板产生运动速度在水面上行驶，靠改变帆的受风中心和板体的重心位置进行转向（见图1-4）。

图1-4　帆板运动

帆板是奥运会比赛的一个级别，它起源于20世纪60年代末世界冲浪胜地夏威夷群岛。1967年美国加利福尼亚马里纳海港出现一种加长冲浪板，上面装有能转动的桅杆，受到青少年的青睐。后逐渐形成一种体育运动，在欧美国家广泛开展。首届世界帆板锦标赛于1974年举行，国际帆板协会每年举行多次国际比赛。

1981年帆板作为帆船的一个级别被接纳为奥运会大家庭的一员，1984年洛杉矶奥运会第一次把帆板列为正式比赛项目。1992年第25届奥运会列入男、女帆板两个项目。第29届奥运会帆船帆板项目设9个级别11项比赛。RS：X级将作为新的帆板级别，分男子和女子两项（见图1－5）。

图1－5　奥运会帆板比赛

所有大型综合性帆船赛事都有帆板比赛，每年世界各地还举行经常性的职业选手系列赛。

二、国际帆船联合会的成立

1906年，英国的B·史密斯和西斯克·史坦尔专程去欧美各国与帆船领导人商谈国际帆船的比赛等级和规则，并提议创立国际帆船竞赛联合会。1907年，世界第一个国际帆船组织——"国际帆船联合会"（International Sailing Federation）正式成立，简称"国际帆联"，英文缩写"ISAF"（见图1－6）。ISAF现有122个会员国（或地区）管辖了81个帆船级别。ISAF下设国际残疾人帆船运动联合会（IFDS），从事残疾人帆船运动。目前进入奥运会的项目有9个级别，11个项目。

中国帆船帆板运动协会，简称"中国帆协"。英文全名为Chinese Yachting Association，缩写为CYA（见图1－7）。中国帆协于1984年3月10日加入国际帆联。

图1－6　国际帆船联合会徽章

图1－7　中国帆船帆板协会徽章

三、帆船运动的奥运会发展史

1896年，第1届奥运会就把帆船列为正式竞赛项目，但由于天气情况恶劣，帆船比赛未能举行。1900年第2届巴黎奥运会上，帆船被列为正式比赛项目运动，共进行7个项目的比赛（见图1－8）。除在美国圣路易斯举行的第3届奥运会没有帆船比赛，其余各届奥运会都有。

1908年第4届奥运会起改为以艇身长度分级，1928年第9届奥运会以前以重量或长度分型，如0.5吨以下级、0.5～1吨以下级、12米型、8米型等，早期奥运会比赛船型不固定。而现在的比赛已经按照级别严格

区分,重量和尺寸都相似的船只归入同一比赛级别。

图1-8　1900年5月巴黎奥运会,
帆船首次出现在奥运会赛场

随着比赛级别不断变化,船艇不断改进。玻璃钢问世使船艇的造价降低,工艺水平提高,轻巧而小型的帆船逐渐替代老式帆船。在奥运会规定的比赛级别里,小型帆船也就逐步取代大型帆船。1976年,在第21届奥运会上,6个级别比赛全部改成船体较轻小的帆船。1992年,在第25届巴塞罗那奥运会上,比赛级别达到男女共10个级别。

目前奥运会帆船比赛都采用奥林匹克梯形航线或是迎、尾风航线进行比赛。帆船原为男女混合项目,从1988年奥运会起男女分开设项(见图1-9;图1-10)。1988年汉城奥运会设立了女子470级的比赛。2004年索林级从奥运会男子项目中被删去,取而代之亮相的是女子鹰铃级的比赛。2004年第28届奥运会设男子米斯特拉级帆板、女子米斯特拉级帆板、芬兰人级、激光级、男子470级、女子470级、49人级、托纳多

级、星级、欧洲级、鹰铃级11个项目,共有400名运动员参加比赛。每个协会每个项目最多1条船参加。2004年第28届奥运会的帆船比赛一共有11个小项,其中男子4个项目、女子4个项目,另外3个项目是"公开"的,即男女运动员可以同时参加比赛(见图1-11)。

图1-9　帆船男子项目

图1-10　帆船女子项目

图1-11　OP级(公开级)比赛中,
男女同场竞技

帆板运动的迅速发展引起国际体育组织的高度重视。1984 年第 23 届奥运会列入一个帆板项目，1992 年第 25 届奥运会列入男、女帆板两个项目。从第 23 届奥运会开始，帆板项目已经四易级别。在第 29 届北京奥运会上，RS：X 作为新的帆板级别，分别有男子和女子 2 个项目。

四、帆船运动在我国的发展

我国的帆船运动发展时间较短。1956 年只在个别地方进行了试点，1958 年在武汉东湖组织了一次帆船表演赛。之后又停顿了多年，自到 1978 年又开始组织少数运动员集训。

1980 年我国举办了第 1 届帆船锦标赛，之后每年都举办全国性比赛，并将帆船列入了全运会和青运会的比赛项目。现在全国有条件的地方均已出现帆船运动项口，但由于场地、器材等条件限制，活动面还不够广泛。

从 1982 年第 9 届亚运会起，我国派帆船队参加比赛，1986 年第 10 届亚运会上中国获得了 1 项冠军，在以后的亚运会上又连获优异成绩。从 1984 年 23 届奥运会起，中国派队参加比赛，各项运动成绩不断提高（见图 1－12）。2008 年北京奥运会上，中国帆船队女子激光镭迪尔级选手徐莉佳勇夺 1 枚铜牌，这是我国在奥运会帆船项目上获得的首枚奖牌；另外，殷剑夺得女子帆板 RS：X 级别的金牌，实现了中国帆船帆板项目在奥运会上金牌零的突破，具有里程碑的意义。此外，中国帆船队还多次参加了各级别的世界锦标赛及其他国际比赛。

图 1－12　我国健儿在奥运比赛中

每年我国举办的帆船比赛有：全国帆船锦标赛；全国帆船冠军赛；全国青少年帆船锦标赛；全国 OP 级帆船锦标赛；中国帆船公开赛。

我国已开展的帆船项目有：男、女"470"级（双人）、"芬兰人"级（单人），女子"欧洲"级（单人）、男子"激光"级（单人）和少年"OP"级（男、女不限，单人，限 15 周岁以下，见图 1－13）。

图 1－13　我国开展的少年 OP 级帆船项目

第二节　帆船运动的特点与锻炼价值

一、帆船运动的特点

　　与其他运动项目比较，帆船运动是一种男女老少都感兴趣的特殊运动。更加符合现代消费者的价值观：尊重自然与环境、健康、惬意、充满活力。帆船运动是人、水、船、风四者的完美结合（见图1-14）。

图1-14　帆船运动回归自然、沐浴阳光，人、水、船、风四者合一

　　由于帆船竞赛是在自然条件下进行的，其最大特点就在于它的不可控性。它直接受到气象、水文条件的巨大影响，规定的竞赛轮次可能完不成，所以帆船比赛没有世界纪录，只有世界最好成绩（见图1-15）。

　　欣赏帆船比赛看速度，看人船与自然的配合情况。帆船是海上壮丽的风景线，它不仅对运动员在艰苦环境中的耐受力要求很高，还对运动员的智慧和经验有更高的要求。因此，对运动员的耐力和意志品质的考验也是观看帆船比赛的一个重要方面。

　　帆船比赛受项目特点所限一般离岸较远，所以观众在岸上很难看到比赛中的细节；即使自己有船也只能在划定的比赛区域之外观看（见图1-16）。观众们可以很放松地在岸边看比赛，肉眼看不到的细节往往也可以通过场边的大屏幕来弥补。

图1-15　帆船受气象、水文条件影响巨大

图1-16　帆船比赛离岸很远

二、帆船运动的锻炼价值

帆船运动是一项集竞技、娱乐、观赏、探险于一体的体育运动项目，备受人们喜爱。现代帆船运动已经成为世界沿海国家和地区最为普及而喜闻乐见的体育活动之一，也是各国人民进行海洋文化交流的重要渠道。经常从事帆船运动，能增强体质，锻炼意志。特别是在风云莫测、海浪、水文的变化中，迎风斗浪，培养战胜自我的拼搏精神。

第三节　帆船运动比赛设项及帆船强国

一、帆船比赛设项

每届奥运会后都将对下届奥运会帆船比赛个别项目进行调整。第29届奥运会帆船项目设9个级别11项比赛，其中男子4个项目，女子4个项目，另外3个项目是"公开"的，即男女运动员可以同时参加比赛（见表1-1，见图1-17～图1-25）。

表1-1　帆船帆板奥运比赛项目

男子	RS：X级帆板	470级男子双人艇	激光级男子单人艇	星级男子龙骨艇
女子	RS：X级帆板	470级女子双人艇	激光镭迪尔级女子单人艇	鹰铃级女子龙骨艇
公开级	49人级快艇	托纳多级双体船	芬兰人级重量级艇	

图1-17　RS：X级帆板

图1-18　470级双人艇

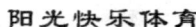

图1-19　激光级男子单人艇

图1-20　激光镭迪尔级女子单人艇

图1-21　星级男子龙骨艇

图1-22　鹰铃级女子龙骨艇

图1-23　49人级快艇

图1-24　托纳多级双体船

图1-25　芬兰人级重量级艇

二、帆船强国

帆船运动在欧洲、大洋洲开展比较普遍，技术水平较高。历届奥运会冠军得主，以英、美、德、法、西班牙、澳大利亚和瑞典等北欧国家居多（见图1-26）。

日本的帆船运动史稍长，开展帆船运动的种类也比较多，活动面广，每年都举行各种类型号的比赛，还派队参加各种帆船项目的国际比赛，其实力雄厚，是历届亚运会、亚洲锦标赛夺冠较多者。印度、巴基斯坦、印尼、新加坡、泰国等国帆船运动也较普遍，水平比较高，都曾在亚运会和亚洲锦标赛上获得过好成绩。韩国帆船运动的历史不长，但发展较快，已成为亚洲帆船运动强国。帆船也是亚运会比赛项目，从历届亚运会和亚锦赛成绩分析，开始印度和日本优势较明显，后来中国、韩国出现了上升趋势。

图1-26 帆船强国大都来自欧美

第二章　帆船运动综合知识

第一节　重要赛事

一、奥运会帆船比赛

奥运会帆船比赛是最高级别的帆船赛事，从第1届奥运会开始就设立了帆船项目。由于客观原因，第1届和第3届的奥运会帆船比赛未能举行，奥运会帆船比赛是从第2届巴黎奥运会正式开始的。早先的帆船比赛通常都是按照参赛船的重量来分级，那时的参赛船只体形都比较大。从1908年伦敦奥运会开始，帆船比赛按照长度来划分级别。伦敦奥运会上设立了6米、7米、8米和12米4个级别的比赛。第二次世界大战后，奥运会的参赛船型慢慢向小型化、标准化发展。今天，国际帆联认可的帆船级别已经达到了100多种，每个级别都有各自独立的设计，完整的丈量标准。目前，奥运会设立了9个级别，男女共11个项目（见图2-1）。

二、奥运会级别帆船的世界锦标赛

每个级别协会每年都会组织自己的世界锦标赛，像奥运会一样每届由不同的城市申办。单项世锦赛的单项

规模要比奥运会大很多，它通常没有资格赛，每个国家的报名人数也不像奥运会一样严格限制。另外，按照年龄、性别划分，每个级别可能会有多个项目进行比赛（见图2-2）。

图2-1　奥运会帆船比赛

图2-2　奥运级别帆船世锦赛

三、国际帆联世界锦标赛

这是国际帆联新设立的一项综合性帆船赛事，每4年1次，时间是奥运会的前一年。2003年在西班牙的加迪斯举行了首届国际帆联世界锦标

赛。这项赛事的项目与来年的奥运会完全相同，并且也是奥运会的资格赛之一。国际帆联世界锦标赛实际上也是单项世锦赛的集中，但参赛资格要相对严格（见图2-3）。

图2-3 国际帆联世界锦标赛

四、世界青年帆船锦标赛

世界青年帆船锦标赛是国际帆联为青少年帆船运动员举行的世界锦标赛。该赛事每年举行一次，它集中了全世界最优秀的青年选手。青年世锦赛是未来世界冠军、奥运冠军的摇篮（见图2-4）。

图2-4 世界青年帆船锦标赛

五、欧洲三大赛

每年春季和夏季，欧洲各国会举行不计其数的综合性帆船邀请赛。这种赛事通常举行1周时间，在时间上前后交替。每年都会吸引世界各地的运动员来欧洲训练比赛。主要有法国伊尔的奥林匹克周、荷兰的SPA奥林匹克周和德国基尔的奥林匹克周。这些赛事通常与当地的大型帆船节和航海节相结合（见图2-5）。

图2-5 欧洲三大赛期间，大型帆船节、航海节的盛况

六、美洲杯帆船赛

这项赛事始创于1870年，每4年举办一届，是世界上最负盛名的大帆船赛事。该项赛事是名副其实的贵族运动，仅制造参赛船只便需花费上千万乃至数千万美元，从某种意义上说，这项赛事已成为一种经济实力、科技水平的展示（见图2-6）。

图2-6 中国之队在美洲杯帆船赛上角逐

七、VOLVO环球帆船赛

VOLVO环球帆船赛是世界上一项重大的航海赛事。观看VOLVO环球帆船赛的观众累计人数超过8亿人次，在国际赛事中名列前茅（见图2-7）。

图2-7　中国-爱尔兰船队"绿蛟龙"号在VOLVO环球帆船赛征程中

八、Clipper 环球帆船赛

Clipper 环球帆船赛已成为世界上最著名的环球航海赛事之一。Clipper 环球帆船赛于1996年由英国人罗宾·诺克斯·约翰斯顿爵士创立，航程长达3.5万海里（见图2-8）。

图2-8　青岛号在 Clipper 环球帆船赛中疾驰

九、悉尼—霍巴特帆船赛

悉尼—霍巴特帆船赛始创于1945年的世界著名的远洋帆船赛事，每年在澳大利亚举行一次。起点为悉尼湾，终点为澳洲第二古城霍巴特，全程640海里，最快不到3天就可以到达，最长需7~8天才能到达（见图2-9）。

图2-9　悉尼—霍巴特帆船赛中，船只驶出悉尼湾

第二节　比赛场地、设备、器材

一、比赛器材

比赛用的帆船通常是由船体、桅杆、舵、稳向板、索具等部件构成的小而轻的单桅船。帆船分稳向板型和龙骨型两类。稳向板型帆船轻快灵活，可在浅水中行驶，奥运会项目中的芬兰人级、470级、托纳多级等均属此类，是世界最普及的帆船。龙骨帆船也称稳定舵艇，体大不灵活，稳定性好，帆力强，只能在深水中行驶。奥运会项目中的星级、鹰铃级等均属此类。

图2-10　北京奥运会青岛奥帆中心鸟瞰

图2-11　奥帆中心船船码头

1. 托纳多级（Tornado）

又称龙卷风型或卡塔马型，属多体艇一类。该型号于1966年由英国的马奇设计制造。船身为双体艇，最长处6.10米，最宽处3.05米，重达148千克。艇上有两个帆，主帆（后帆）的面积为21平方米。由2名运动员驾驶。托纳多级帆船的速度很快，其最高时速可达30海里，相当于55.6千米/时。于1976年被列入奥运会帆船比赛项目。

2. 星级（Star）

属于龙骨船。船帆上的标志是一颗五角星。船身最长处为6.92米，最宽处1.73米，吃水深0.925米，重量达662千克。由2名运动员驾驶。在1932年第10届奥运会上被列入奥运会帆船比赛项目。

3. 鹰铃级（Eagle bell）

属龙骨船。船身最长处6.35米，最宽处1.73米，重200千克。鹰铃级帆船由3名女子运动员驾驶。在2004年第28届奥运会上被列为奥运会帆船比赛项目。

4. 470级（470）

470级帆船全场为4.7米的一种传统设计的双人竞赛帆船，船帆标志"470"。船宽1.68米，重115千克，帆面积13.28平方米。

5. 芬兰人级（Finn）

20世纪40年代，瑞典人Richard Sarby设计出一种单人帆船，船帆标志"≈"。船长4.50米，宽1.51米，吃水深0.85米，帆面积10.6平方米（只有主帆），船重145千克。1952年被列入第15届奥运会比赛项目，后历届奥运会均设此级别。

6. 激光级（Laser）

男子单人艇，船长4.23米，宽1.37米，重59千克，帆面积7.06平方米。1996年被列入奥运会项目。

7. 激光镭迪尔级（Laser Radial）

女子单人艇，是激光级别的一种型号，船型同男子激光级完全相同，只是桅杆上部较短，帆面积较小，适合青少年及女子帆船运动员。2008年被列入奥运会项目。

8. 49人级（49er）

一种双人驾驶的高速艇，船长4.9米，帆面积60平方米（包括球形帆）。2000年被列入奥运会项目。

9. 帆板（RS：X）

长 2.79 米，宽 0.93 米，重 13 千克。这是在 2004 年底的国际帆联年会上确定的一种新型帆板，用来取代米斯特拉级帆板，并将于 2008 年奥运会上作为正式的比赛项目。它的板长介于米斯特拉级和翻波级帆板之间，是一种环境适应性较强的板型。

二、场地设施

帆船正式比赛要求在开阔的海面上进行，距海岸应有 0.5～2 千米，比赛场地为由 3 个浮标构成等边三角形，每段航线长不少于 2～2.5 海里（场地设施参见图 2－10～2－15）。

图 2－12　陆域停船区

图 2－13　灯塔

图 2－14　指挥塔与防波堤

图 2－15　比赛海域

奥运会的帆船比赛通常采用奥林匹克梯形航线和迎、尾风航线（见图 2－16）。

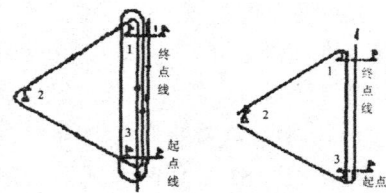

图 2－16　奥帆赛梯形航线（左）和尾风航线图

起航线由起点船上的标志旗杆与其左侧船或浮标的标志旗杆之间的虚拟线构成。终点线也是虚拟线。终点船、标志旗杆与其左侧船或浮标的标志旗杆之间的虚拟连线为终点线，其宽度一般为 50～60 米，以便裁判员能清楚地观察每条帆船（板）通过终点的情况。

由于风向、风速、气象、水文等条件的不断变化，竞赛场地不是固定不变的。它是在规定的区域（这个区域的海图位置，赛前要通告参赛者）里按照气象水文情况进行布设。场地的布设一般在距比赛起航半小时至5分钟前完成。每个级别的帆船（板）同时起航。由于水面开阔，风浪声响较大，起航和终点信号是在起点船上升起信号旗，同时发出较强的音响信号（如信号弹、锣声等）。

从起点到1标为顶风航段，帆船（板）不能顶风前进，需走"之"字形，航向由运动员掌握，判断哪种航向受风为佳，就靠运动员的经验和技术。奥运会帆船比赛每个级别要进行11轮比赛（49人级进行16轮），前10轮（49人级前15轮）成绩最好的10条船进入到最后一轮的决赛。有时因天气情况，可减少轮次。由于场地条件不完全一致（风速、流速不等），帆船（板）比赛没有绝对纪录，只有最好成绩。

第三节　帆船运动技术简介

在这里主要介绍适合大众健身的帆板技术要领。

1. 起帆要领

在水面起航前，要自行起帆。起帆时航板应与风向成直角，而帆前缘顺着风向放置，利用双足踩夹帆杆根柱，用身体的力量轻轻慢慢拉动帆杆绳子，直至把帆杆竖直，然后出手捉住帆杆中间附着的横式手把柄。出发前还要确认帆杆根柱是否插进航板的万向接头上，左右抖动手把柄看看是否运用自如。

2. 基本驾乘法

在驾乘技巧方面，最主要是学习控制风帆与风的夹角，以调节帆面承受风力的大小。基本的驾乘法有下列几种：

（1）侧风驾乘

航行方向与风向成90°，是所有驾乘技巧的基础。

（2）顺风驾乘

风来自正后方，看起来速度应该会很快，但却因为顺风使船帆压力几乎消失，人失去凭靠，不易保持平衡，反使速度降缓，并较易发生危险。

（3）偏顺风驾乘

风由斜后方吹来，是介于侧风和顺风间的航行，不但速度快，而且容易平衡，是最佳乘航条件。

（4）偏逆风驾乘

风来自斜前方，此时帆对风的张角非常小，速度会逐渐转慢。

（5）逆风驾乘

无论帆板或帆船都不能逆风（顶风）而行，但可采用一种曲折迂回的"之"字形航行，即交替以向左和向右的偏逆风驾乘。

第四节　帆船入门训练方法

一、帆船运动员的专项身体素质

帆船比赛一般要比赛好几天才能完成所有航程，所以它是非常需要体力的运动，它对运动员在艰苦环境中的耐受力要求很高。主要需要运动员具备力量、耐力、柔韧、平衡等方面的专项素质。

1. 耐力

指心肺功能好，有氧代谢能力强以及肌肉耐力强。耐力素质决定运动员可长时间维持高强度活动。

2. 力量

力量是运动员提高运动水平的关键因素，力量素质决定了运动员是否有所发展前途。

3. 柔韧

指机体各关节完成技术动作的幅度大。柔韧素质决定了运动员的摇帆等动作的幅度。

二、帆船运动的专项入门训练方法

1. 耐力训练

耐力素质指机体长时间活动（运动）的能力。耐力分为肌肉耐力和心血管耐力。肌肉耐力是肌肉长时间活动时，肌肉毛细血管网的扩展及神经装置对肌肉支配的能力。心血管耐力是长时间肌肉活动中，循环系统供氧和营养及排除代谢产物的能力。

训练内容：负一定的重量多次重复练习，负重跑、静力练习、中长距离跑、越野跑、跳绳、打篮球、踢足球等。

2. 力量训练

力量素质是帆船、帆板运动员提高运动技术的关键因素。力量素质的水平决定了运动员是否有所发展的可能性。

训练内容：握力器、卷系有重物的绳、拉橡皮筋、哑铃手腕屈伸、哑铃侧举、哑铃上举、哑铃体侧提、哑铃前后摆臂、身体前倾哑铃平举、哑铃扩胸、杠铃上举、杠铃提拉、杠铃卧推、杠铃侧体、杠铃转体、负重俯卧撑、俯卧负重背起、负重仰卧起坐、卧垫两头起、负重蹲起、负重跳跃、单杠引体、单杠静挂、单杠举腿、单杠卷身上、双杠屈伸臂、跳台阶、蛙跳、负重提踵等等练习（见图 2-17）。

3. 柔韧训练

柔韧性素质是指机体各关节完成大幅度动作的能力。柔韧性的动作质量是由机体的关节韧带、关节囊、肌肉和皮肤的伸展能力和弹性，以及神经系统对肌肉收缩和放松的调节能力所决定的。

训练内容：手腕绕环、前臂绕环和摆动、拉肩、屈臂绕环、振臂、肩绕环、前后屈腰、体侧屈、腰绕环、扩胸、髋关节绕环、膝关节屈伸、膝关节绕环、踝关节屈伸绕环、踢腿、压腿、劈叉（见图2－18）。

图2－17　单杠举腿

图2－18　压腿

4.其他专项身体素质的训练

①平衡器械训练：浪桥练习、伏虎练习、铁链桥索练习、站滚动板练习、滑板练习、站独铁管平衡练习。

②模拟器械训练：帆船压舷器练习、帆板摇帆器练习、冰上风帆车练习、沙滩风帆车练习。

③根据帆板运动员在操作中的动作结构，通过肌电图研究各肌肉群所起的作用，在专项身体素质训练中选择适当的手段方法，实施有针对性的训练。

5.心理训练

（1）目标设置技能训练

目标设置的基本步骤：

①自我分析。这主要包括对自己现实的分析和对自己理想的认识。

②任务分析。任务分析是指对成功完成任务所必备的条件的分析，主要指个人内在的条件。

③测量方法。明确对成功完成任务所需条件的测量方法。包括测量工具的选择、测量程序的确定和结果的评定等。

④写出目标。这是目标设置的核心，写出目标要遵循目标设置的原则。写出的目标可能是技术目标，也可能是心理目标或其他目标；可能是长期目标，也可能是短期目标。因此，写出目标以后，还要根据目标的种类和性质对目标进行分类和分级，从而构成一个目标系统。同时，应修改和剔除不符合目标设置原则的目标。另外，所写出的目标要注意与集体目标相协调，目标表述应清晰、准确。

⑤制订计划。有了目标以后，还要制定达到目标的具体途径、方法及时限，制定目标设置图。这也是目标设置不可缺少的内容。

⑥付诸实施。将目标计划付诸具体实践，主观见之于客观，并在实践中对行为表现和努力程度进行评价，不断完善目标设置。

（2）表象训练

①表象放松训练。表象放松训练主要是为了消除紧张焦虑，调节激活水平，提高注意集中能力。表象放松训练的基本程序如下：

选择一个安静地方，尽可能舒适地坐着或卧着；

闭上眼睛，做几次深呼吸，深深地吸气，然后慢慢地呼出；

表象自己处在一个非常舒适的环境；

尽可能生动地表象这种情景，仿佛身临其境，激发出自己曾有过的生动的体验。

②表象预演。表象预演主要是为了巩固技术动作，形成有效的动作程序，适应赛场环境，提高注意集中能力。表象预演的基本程序如下：

先进行放松训练，使身体放松，心理安宁。

反复表象自己独自一人完成动作时的具体细节，直到自己非常完美地完成全部动作。

表象赛场的情形，并将自己置于其中。反复表象整个比赛程序和自己正在进行的比赛，表象自己在赛场也非常完美地完成了全部动作。

活动双手和双脚，然后睁开眼睛。

③战绩回忆。战绩回忆主要是为了提高运动员的自信心，消除紧张焦虑和消极的赛前心理状态。战绩回忆的基本程序如下：

先进行放松训练，使身体放松，心理安宁；

表象自己以往最成功的、最满意的一次竞赛表现，使这一情景好像历历在目，仿佛再次身临其境，并激发出自己曾有过的各种体验；

活动双手和双脚，然后睁开眼睛。

第五节　帆船运动常见运动损伤与预防

一、帆船运动员运动损伤的特点

帆船运动损伤大部分为慢性损伤，部位按发病率依次为：腰部、膝关节、颈部、肩部、手腕部、足踝部等。帆船运动损伤种类按发病率依次为：腰肌劳损、腰背肌纤维炎、颈椎病、肩周炎、腰椎间盘突出、关节炎、枕大神经炎、腕部软组织挫伤、踝部皮肤擦伤等。

帆船运动员在船上是侧向坐或站着驾驶帆船，在训练中，颈部及腰背部长时间转向一个方向。这种不平衡动作，易使肌肉痉挛、关节僵硬、劳损。因此，一侧为重的肌肉纤维筋膜炎就成为帆船运动员所特有的常见病、多发病。又因整个躯体长时间受风寒水浪的侵湿，其伤病表现为广泛性。运动员往往从头枕部、面部、颈部，向下至背部及腰部广泛受累。因为颈部、腰部体位的转动和应力，帆船运动员的颈椎和腰椎易于受伤及劳损，这又是颈椎病和腰椎间盘病变容易发生的原因之一。

二、赛艇运动员运动损伤的原因

1. 训练水平不足

主要表现在一般身体训练与专项技术训练两方面。一般身体训练不足是指力量、耐力、速度、灵敏及柔韧训练不足。运动员因肌肉力量不足而受伤，如占损伤第一位的腰肌劳损发生的重要原因之一是运动员腰腹部肌肉力量不足；因体能不足在大运动量训练或长时间比赛时疲劳而致伤；专项技术训练不够，动作要领掌握不好，技术动作有缺陷，极易致伤，如压舷时头颈姿势长期不正确可导致颈椎病。

2. 训练缺乏科学性

运动量过大，尤其是局部负荷量过大而致伤；教练、运动员缺乏运动损伤知识，训练安排不合理而致伤；准备活动部充分而致伤。

3. 运动员心理、生理状态不良

运动员因睡眠或休息不好，加之帆船训练、比赛每天在不同风速条件的海水环境中进行约 4~6 小时，身体机能下降或疲劳时，警惕性和注意力减退，机体的反应迟钝等情况容易造成损伤；此外运动员心情不好，运动情绪不高，注意力不集中或场上精神紧张或情绪急躁等不良心理状态，均是运动损伤的重要原因。

4. 场地、器材、服装、保护用具及不良气候等

如气温较低时，无良好的防寒保暖服和专用保护手套等易致肌肉拉伤、皮肤擦伤和骨关节病等；帆船器材及器材调试不良易致挫伤和擦伤；风浪过大，做转换动作，很容易被配件碰擦伤；长期在寒冷、潮湿的训练环境中训练，加之海风、海浪刺激易发生痹症（骨关节病）。

三、预防与治疗方法

1. 教、医、运三结合预防

①教练员在制订训练计划时必须遵守训练学的卫生原则；

②医生应监督训练计划的实施，这在帆船项目运动损伤预防中至关

重要；

③运动员自我保健，运动员应强化有伤积极治伤，无伤认真防伤的观念。帆船运动员应强调下水训练前的准备活动，在训练时要戴好防护帽子和保护好颈部，穿好防风防水的衣服，袖口及裤口应扎紧，以防冷水浸透内衣和躯体。要加强四肢及躯干部位的平衡练习，以预防常见病的发生。上岸后及时冲淡，立即换掉湿的训练服，注意保暖。

教练、队医、运动员三者应相互配合、相互支持，共同做好运动损伤的预防工作。

2. 科学安排，全面提高训练水平

尤其提高一般身体训练和专项技术训练水平，针对易伤部位（腰、膝、颈）加强有关肌肉力量练习，有利于提高防伤能力。

3. 加强运动训练后消除疲劳恢复体力的措施

应注重运动员训练后的恢复措施，目前帆船运动员训练后可安排按摩师、队医或运动员相互按摩放松负荷较大的部位，如条件许可可加强其他恢复措施。

第六节　专业术语

1. 比赛航程（race range consrse）

帆船比赛时的实际航行路程。世界帆船锦标赛和中国帆船锦标赛都采用短距离三角绕标航程。三角绕标航程是用 3 个浮标布置成 45°—90°—45°的等腰三角形。两个浮标之间的航线长度不小于 2 ~ 2.5 海里，相当于 3.7 ~ 4.7 千米，其直线比赛航程约为 28 千米。全航程的竞赛次序是起航后绕 1、2、3 标志，再绕 1、3 标志到达终点，缩短航程的竞赛次序是起航后绕 1、2、3 标志即到达终点。在比赛的航行细则中规定了航程和绕标的方向，所有帆船都必须按规定航行和绕标，否则就以没有完成比赛对待。

2. 比赛航标（race mark）

帆船比赛水域里的设施，用来显示比赛航道的标志物。

3. 风向角（angle of direction wind）

帆船运动扬帆用的术语，指风向同帆船首尾连线之间的夹角。帆船前进的动力主要依靠风力，而风向对帆推进作用的大小至关重要。运动员必须正确掌握风向角，才能充分地利用风力来驾驶帆船。各种不同的风向角其区分的度数是：顶风的风向角在 0° ~ 30° 之间；前迎风的风向角在 30° ~ 60° 之间；后迎风的风向角在 60° ~ 80° 之间；横风的风向角在

80°~100°之间；顺风的风向角在100°~170°之间；尾风的风向角在170°~180°之间。

4. 主帆（mainsail）

帆船上主要装置的名称。单桅运动帆船上有一桅杆和一个帆，如主帆艇——凯特艇上的帆就是主帆。双桅运动帆船上，两桅杆一前一后，有的主桅在前，如意奥尔和克其艇。有的主桅在后，如什胡拉艇。可以认为前帆缘系在主桅上的大三角帆——百慕大帆或大四角帆——斜桁帆均为主帆。

5. 主桅（mainmast）

帆船上的主要装置附件之一。帆船主要靠帆来受风航行，而帆又必须依附于桅杆上才能扬帆远航。桅杆大都用硬质圆木或金属制成。根据帆船的大小和需要，分单桅帆船和双桅帆船。单桅帆船的桅杆大都位于靠近艇首的地方。双桅帆一般用于较大的帆船，两根桅杆一前一后。在双桅帆船中分舵前后桅艇和舵后后桅艇，这些帆船上前面的大桅叫做主桅；另一种后桅艇上，后面的桅叫主桅。

6. 左舷（port）

帆船运动术语。船的两侧称为舷。按船尾向船首的视向，船的左侧称为"左舷"。

7. 左舷受风（port tack）

帆船运动技术术语。帆船航行的方向取决于艇体中央纵垂面与风向间的夹角，或取决于帆船方位的角度。当风从船的左侧吹来，主帆位于右舷，这时的帆船就是左舷受风。

8. 右舷（starboard）

帆船运动术语。船的两侧称为舷。按船尾向船首的视向，船的右侧称为"右舷"。

9. 右舷受风（starboard tack）

帆船运动技术术语。帆船航行的方向取决于艇体中央纵垂面和风向间的角度，或者说取决于帆船方位的角度。当风从船的右侧吹来，主帆位于左舷，这时的帆船就是右舷受风。

10. 平桨（oars）

帆船运动技术术语。帆船运动主要依靠风力作为推进的动力，但在离岸和返回岸边时也要用桨划船。帆船划桨时，先将稳向板提起，这时水对船的阻力作用很小。为了避免桨叶受波浪冲击和减少空气阻力，在划桨过程中，桨叶击水后即用手腕转桨，使桨叶与水面平行，这就是平桨。

11. 信号旗（signal flag）

帆船比赛时，裁判员组织和指挥比赛的用具。帆船比赛的水域较大，要组织好以风力为动力的帆船进行比赛，只有通过裁判船用国际旗语和音响来传递命令。裁判船的每一种信号旗均用不同颜色和图形代表一个拉丁字母，用以表示一种指令。国际上通

常用一面旗或两面旗来表示一个意思。例如红旗表示比赛帆船必须按顺时针方向绕过标志，即右舷绕标。绿旗则表示比赛帆船必须按逆时针方向绕过规定标志，即左舷绕标。蓝旗表示终点。

12. 吃水（draft，draught）

指船体在水面以下的深度。由于船体底部沿船长的方向不一定平行于水平面，由此沿船长的各部分吃水深度也不相同。在船体前垂线处的吃水称为"前吃水"或"首吃水"，船体后垂线处的吃水称为"后吃水"或"尾吃水"。船体长的中点垂线处称为"平均吃水"。

13. 压舷（gunnel suppr。）

帆船运动技术术语。帆船驶航时，为了充分利用帆面积和强风取得更大的帆动力，一方面使帆船按预定方向行驶，同时又要保持帆船的平稳航行，减少横倾，这时可把船员分布到上风舷一侧，称为压舷。有时为了降低船的重心，进一步增加抗横倾力矩，尽可能使运动员身体探出船外更远的距离，甚至把全部身体悬挂在舷外，称为悬挂压舷。悬挂压舷要有专门的器材装备，如吊索、把手、吊索背带、坐垫、挂环、挂钩等，以保证运动员安全，并使压舷取得满意的效果。

14. 迎风折驶（come about）

帆船运动技术术语。运动员在驾驶帆船前进中，如果遇到顶风无法驶帆行进时，可采用曲折航行迎风驶帆的技术，这种技术称为迎风折驶。

15. 抢航（raise start）

帆船比赛时所用的术语。根据帆船比赛规则，正常的起航必须是裁判员的起航信号发出后运动员的帆船通过起航线。如果在起航信号发出之前，参赛帆船的船体、装备或运动员身体的任何部分触及起航线或其延长线，即为抢航。抢航者必须回到起航线的后边重新起航。假如有比较多的帆船抢航，裁判员无法判定哪一条抢航帆船时，可以召回该级别参赛的全部帆船，重新组织起航。

16. 寻（bathom）

帆船运动术语。航海用的深度单位，1寻等于6英尺长，通常是在航海用的海图上测量水深。

17. 起航（set sail start）

帆船比赛用语。帆船比赛分起航、航行、终点三个阶段。比赛开始前10分钟，裁判船在横桅杆上升起某一级别的旗，表示该级别船离起航还有10分钟。5分钟后，裁判船升起"P"字旗，预告该级别的帆船离起航还有5分钟。以后每隔1分钟，按4、3、2、1的次序用音响信号通知参赛帆船。起航信号发出后，参赛帆船的船体、船员或装备的任何部分在通向第一浮标的航向时触及起航线，即为起航。比赛计时也随之开始。

18. 艇舵（rudder）

帆船装置附件，用来控制帆船航行的方向。帆船的舵有 2 种：①固定舵，具有钢性舵柄的固定式舵叶；②提升式舵，具有分离式的舵柄。固定舵主要用于龙骨艇，而稳向板艇和平底艇通常用提升式舵。

19. 解脱（release，to set free）

帆船比赛中的术语。是指运动员在比赛中违例而经过相应的"惩罚"后重新取得比赛权利。例如在比赛中，有运动员的船碰了标志，就须要自行再绕标一圈，即可解脱。又如有运动员的船碰了其他帆船，就要自行在原地旋转 720°，即可解脱，否则就要增加 20% 的名次。

20. 搁浅（run aground）

帆船运动技术术语。指帆船因掌握方向不当而误入水深小于帆船吃水深度的浅滩上，或因控制不好被风吹在河床浅处或海滩边，失去了浮力，无法航行。

第七节　观赛指南

与其他运动项目比较，帆船运动是一种男女老少都感兴趣的特殊运动。更加符合现代消费者的价值观：尊重自然与环境、健康、惬意、充满活力。帆船是风、水、人、船四者完美结合，充满活力的运动。欣赏帆船比赛，看速度、看人、船与自然的配合情况。帆船是海上壮丽的风景线，然而驾帆船出海却是件非常需要体力的运动，它对船员在艰苦环境中的耐受力要求很高。

图 2-19　观众在防波堤上观赛

帆船比赛受项目特点所限，比赛场地一般离岸较远，所以观众在岸上很难看到比赛中的细节；即使自己有船也只能在划定的比赛区域之外观看，而且每个级别都要比好几天才能分出胜负，所以到现场看比赛不妨当做一次海滨假日之旅。在蔚蓝的大海上，林立的桅帆在阳光的映照下，会让眼前的风景更加生动，而运动员驭风破浪的矫健身姿也会给人运动之美的愉悦享受（见图 2-19）。观看比赛时，同样要注意防晒并进行适当的防暑降温的保护。观众可随身携带防晒霜，可以戴一顶遮阳帽，墨镜也是必备的观赛用品。观众们可以很放松地在岸边看比赛，肉眼看不到的细节往往也可以通过场边的大屏幕来弥补。另外有条件的观众可以携带望远

镜，因为赛场真的非常大。如果感觉天要下雨，也可以拿上雨衣备用。观

赛期间多喝水，天气热，流汗多，防止中暑。

第八节　我国在帆船运动项目中取得的突破

一、我国帆船项目的奥运成绩

1992 年巴塞罗那奥运会，张小冬获得的帆板女子 A390 级银牌；

图 2 - 20　殷剑在帆板
比赛中激烈角逐（右一）

1996 年亚特兰大奥运会，中国香港女选手李丽珊获女子米氏帆板金牌，这是香港代表团获得的首枚奥运金牌。

2004 年雅典奥运会，中国选手殷剑获得女子 A390 级银牌；

2008 年北京奥运会，中国选手殷剑获得女子 RS：X 级金牌。

二、优秀帆船运动员简介

1. 帆船运动国际明星

（1）保罗·埃弗斯特隆（丹麦）

蝉联 4 枚金牌，创造了奥运会帆船史的成绩之最。

丹麦运动员保罗·埃弗斯隆创造

了奥运会帆船史的成绩之最，被誉为奥运帆船史上最伟大的人物。他曾蝉联 4 枚金牌，分别是 1948 年的萤火虫船赛和 1952 年、1956 年、1960 年的旋风船赛。1948 ~ 1984 年之间 8 次参加奥运会。他在 56 岁时还参加了自己的最后一届奥运会——洛杉矶奥运会，和亲孙女特琳共同驾驶一艘旋风船夺得了第四名的成绩。此外，他还在 6 个项目上拿过 8 个世锦赛冠军（见图 2 - 21）。

图 2 - 21　保罗·埃弗斯特隆

（2）瓦伦丁·曼金（前苏联/乌克兰）

全能选手。奥运会历史上唯一夺取

3 个不同级别帆船比赛金牌的运动员。

1968 年墨西哥夏季奥运会上，在芬兰人级比赛中获得他的第一枚奥运金牌。在 1972 年的慕尼黑奥运会上，夺取暴风雨型帆船比赛的奥运金牌。1976 年，在蒙特利尔奥运会上，他再次获得这个项目的银牌。1980 年，已经 41 岁的曼金在莫斯科奥运会又夺得了星型帆船比赛的金牌。在 4 届奥运会中，他在 3 个不同级别的比赛中获得金牌，成为奥运会历史上唯一一位在 3 个不同级别的帆船比赛中夺金的运动员（见图 2-22）。

图 2-22　瓦伦丁·曼金

（3）哈里·美格斯（美国）

拿下奥运会和美洲杯两项大赛金牌的运动员。

提起美国帆船选手哈里·美格斯，在整个帆船运动界真可谓名气响当当。1964 年，他获得飞行荷兰人船型的铜牌。1972 年，这位帆船运动大腕又一次大放异彩，取得了索林型船的奥运金牌。20 年之后，哈里·美格斯和伙伴比利·郭茨又一次赢取了 1992 年的美洲杯（美洲杯帆船赛历史悠久，创建于 1870 年，是帆船赛中影响大、声望高的一项赛事）。要知道，自从帆船运动成为赛事以来，能够拿下这两项大赛的运动员寥寥无几。

图 2-23　艾伦·麦克阿瑟

（4）艾伦·麦克阿瑟（英国）

帆船环球航行最快世界纪录的创造者。

在英国，艾伦是与贝克汉姆齐名的家喻户晓的传奇人物，她在帆船运动史上的作为数不胜数。1998 年，只有 21 岁的麦克阿瑟就已获得英国皇家帆船学会表扬为该年度的最佳水手。2001 年，她驾驶 Kingfisher 号帆船在法国旺底（帆迪）单人不靠岸环球航海赛中得到亚军。2005 年，艾伦一举打破由男性所保持帆船环游世界的最快纪录，71 天 15 小时完成了全程 4 万多千米的环球壮举震撼了整个帆船界，创下了帆船环球航行最快的新的世界纪录，得到英国伊丽莎白女

王二世的亲自册封为高级英帝国女勋爵士（DBE），这是英国有史以来接受这项荣誉的最年轻女性，荣获第六届劳伦斯最佳极限运动员奖。

图 2 - 24　罗伯特·谢德

（5）罗伯特·谢德

9 次蝉联帆船世锦赛的冠军。

在人们心目中，巴西选手罗伯特·谢德几乎与激光级世界锦标赛冠军相同。2003 年 9 月，他以第二名的成绩结束了国际帆联世界锦标赛。然而，2004 年 5 月，他又再次拿到了世界锦标赛冠军头衔，这是他第七次在世锦赛上夺冠。此后 3 个月，他得到了奥运会混合"激光"型帆船的金牌，并成为了历史上第一个获得 2 枚奥运金牌的激光级帆船选手。

2. 我国奥运帆船帆板金牌运动员

（1）殷剑（见图 2 - 25）

生日：1978.12.25

籍贯：四川

身高：1.72 米

图 2 - 25　殷剑

运动简历：

1994 年进入四川邛海水校；

1995 年进入四川队；

1997 年进入国家队代训；

2001 年正式入选国家队。

主要运动成绩：

2000 年 全国帆船锦标赛 女子帆板场地赛、长距离赛 第一名；

2001 年 全国帆板冠军赛 女子帆板场地赛 第一名；

2002 年 全国帆板锦标赛、亚洲锦标赛 女子帆板场地赛 第一名；

2003 年 全国帆板锦标赛 女子帆板场地赛 第一名；

2004 年 第 28 届雅典奥运会 女子帆板 第二名；

2005 年 全国锦标赛 女子帆板场地赛 第一名；

2006 年 全国帆板锦标赛 女子 RS：X 场地赛 第二名；

2007 年 首届全国水上运动大会 女子 RS：X 场地赛 第一名；

2008 年第 29 届北京奥运会女子RS：X 级帆板金牌（见图 2 - 26；图 2 - 27）。

图 2 - 26　殷剑在北京奥运会帆板比赛中

图 2 - 27　殷剑身披国旗庆祝胜利

（2）李丽珊

中国香港选手李丽珊被称为"风之后"，她在 1996 年美国亚特兰大奥运会上夺得女子帆板冠军，为中国香港代表团首夺奥运金牌，亦是在奥运帆板项目夺得金牌的第一个中国人。

图 2 - 28　李丽珊

生日：1970.9.5

籍贯：中国香港

身高：1.70 米

主要运动成绩：

1990 年北京亚运会亚军；

1992 年巴塞罗那奥运会第十一名；

1993 年世界锦标赛冠军；

1994 年广岛亚运会亚军；

1995 年世界锦标赛第三名；

1996 年世界锦标赛亚军；

1996 年亚特兰大奥运会冠军；

1998 年曼谷亚运会冠军；

2000 年悉尼奥运会女子帆板米氏级第六名；

2001 年九运会女子帆板米氏级亚军；

2002 年釜山亚运会冠军女子帆板米氏级冠军；

2003 年雅典帆船大赛女子帆板米氏级亚军；

2003 年全国帆板锦标赛女子帆板米氏级冠军；

2004 年雅典奥运会第四名。

图 2-29 "风之后"李丽珊为中国香港夺得了历史上第一块奥运金牌——1996 年亚特兰大奥运会女子帆板米氏级金牌

第三章　比赛规则要点

一、名次计算

奥运会、世界帆船锦标赛和中国帆船锦标赛通常都采用奥林匹克梯形航线。奥运会运动员限额为 400 名，参赛船只为 270 条。每个国家每个项目只允许一条船参赛。

帆船竞赛共进行 11 轮（49 人级 16 轮），前 10 轮（49 人级前 15 轮）选其中最好的 9 轮（49 人级 14 轮）成绩来计算每条帆船的名次。每一轮名次的得分为：第一名得 1 分，第二名得 2 分，第三名得 3 分，第四名得 4 分，以此类推。前 10 名的船进入决赛。每条帆船在每一轮比赛中的名次得分相加，就是该船的总成绩。总成绩得分越少者名次越前。

二、竞　赛

国际帆船比赛规则规定，参加比赛的运动员可以自带船和帆，只要经过丈量委员会按级别规定丈量合格者，均可参加比赛。

奥林匹克梯形航线有 2 种绕标方式，①外绕，②内绕。外绕的竞赛航线顺序是：起航－1－2－3－2－3－终点；内绕的竞赛航线顺序是：起航－1－4－1－2－3－终点。

帆船比赛根据比赛时的气象水文情况确定赛场的大小。不同级别的比赛用时不同，一般在 45～90 分钟之间。

帆船比赛主要有 2 种形式：①集体出发的"船队比赛"，②两条船之间一对一的"对抗赛"。奥运会帆船比赛都是采用"船队比赛"的方式。

起航信号发出后，赛船的船体、船员或装备的任何部分在通向第一标的航向时，触及起航线，即算"起航"。起航信号发出前，赛船的船体、装备或船员身体的任何部分触及起航线或其延长线，均为"抢航"。抢航者要在规定的时间内按规则规定的方式返回到起航准备区重新起航。

参赛帆船的船体、装备或运动员身体的任何部分，在按照规定的比赛航程上绕过了所有规定的标志并触及终点线时，该船即为结束比赛。

三、信号与避让

帆船比赛的信息交流方式是展示"信号"，包括视觉信号（国际航海通用代码旗）和听觉信号（音响）两种，而且以视觉信号为主要依据。

帆船竞赛规则规定了比赛进行中的各种信号和避让办法，以免碰撞和

发生事故，竞赛的帆船必须共同遵守。其中最重要的一条是"公平航行"，必须以高超的技术和最大的速度去赢得胜利，不允许试图用不正当的手段取胜。

在竞赛航行细则中还规定航程和绕标的方向，所有帆船必须按规定的一侧绕标，否则以未完成比赛处理。如果帆船在竞赛中犯规，则要按"竞赛规则""航行细则"等规定接受惩罚，然后继续比赛。

裁判船是在帆船比赛中用于组织和指挥的设施。所有的"信号"都是在裁判船上展示的。在起点船信号旗杆上升起某一个级别旗时，表示准备出发，为该级别的预告信号，离起航还有5分钟；升起"P"旗（或者I、Z和黑旗），表示离起航还有4分钟；降下"P"旗（或者I、Z和黑旗），表示离起航还有1分钟；降下级别旗并伴随一声音响信号表示起航。

在打开起航线之前，帆船抢先通过起航线者，为抢航，个别召回重新起航。如果有较多的帆船抢航，裁判员无法辨明抢航帆船时，则全部召回该级别所有帆船，重新起航。帆船从5分钟准备信号开始，必须遵守竞赛航线规则和航行细则。

四、注意事项

帆船比赛在海上进行，而海上情况比较复杂，因此，运动员必须会游泳，并能游较长的距离。此外，运动员要有良好的身体素质，以适应长时间海上风浪的考验。

国际帆船比赛，经常在强风中进行，风速10～15米/秒，既要保持航向和把握航速，又要避免翻船，这就需要运动员尽力去控制帆和船，保持船的平衡。同时又要以清醒的头脑去掌握周围的环境、水的流速、流向和气流变化。

在参赛船只较多的情况下，运动员必须熟悉竞赛规则，避免犯规。此外，运动员还必须懂得检查、整理船上的装备，尤其是调整帆具，以获得最大的动力。

水 球 篇

第一章　水球运动概述

水球是水上运动项目之一，在水中进行的一种球类活动，与游泳、跳水及花样游泳同被列为世界游泳锦标赛的四大项目。

第一节　水球的起源、演变及奥运会发展史

一、水球的起源与发展

水球运动源于何处？据国际水球专家贝拉·瑞吉克考证：这项运动像足球一样，是源于英国而后风靡世界的。英文"水球"（Water Polo）的本意是水上马球，因为萌芽时期的英国水球，是以游戏者骑坐在一个有木制马头的木桶上，用长杆在水中拨弄球为主要特征。据载，1814年，水上马球首次在英国出现。由于马球在十字军东征后被凯旋的骑士推广到了整个欧洲，因此水上马球活动一问世，即引起了英国人的兴趣。19世纪60年代，产业革命首先在英国兴起。随着从工场手工业到机器大工业的转变，闲暇时间增多，有产阶级为能足不出户即可参加游泳活动，英国开始出现室内游泳池。另一方面，体力劳动的相对减轻也使劳动阶层的户外活动增加。再加上得天独厚的英吉利海峡是追逐戏耍的好地方。久而久之，无论是在游泳池竞技，还是在海滩上消暑，游泳嬉戏兴犹未尽之时，人们开始寻思和尝试新的更富刺激的水上游戏方式。这样，水上马球自然成为首选。但是它的庞杂的器械多有不便，而且游泳术的进步也使游泳者们不屑于再坐在木桶上打球。但是英国人很快就找到了办法：他们就地取材，把搁置在沙滩上的足球抛入水中，你争我抢，其乐融融。1869年，英国游泳协会的专家们，在斯宾塞"完美生活"的体育思想的感染下，为减少竞技游泳比赛过程的单调性，开始考虑在游泳比赛期间增加水中打球的项目。1870年，他们以水上马球为蓝图，草拟了称之为"水上足球"的竞赛规则，目的在于，游泳间隙穿插群龙戏珠式的水上足球游戏，能按一定

的程序和要求进行。1876 年，英国的波里毛斯划船俱乐部，举行了世界上第一次正式的水球比赛。主办者用标记注明了比赛场地范围，两端不设球门而设木筏；双方每队出 7 人，由 1 名主裁判和 2 名监门员主持比赛。比赛以将球攻入对方木筏内为得 1 分。遗憾的是，比赛使用的橡皮球不能承受较长时间的激烈争夺，这场水球比赛只进行了几分钟，就因球破气泄而宣告结束，致使比赛参加者和观众都不得不在饶有兴致时悻悻而去。尽管这次比赛未能成功，但富于刺激的竞赛情景却给组织者留下了深刻印象。英国格拉斯哥市伯顿俱乐部的游泳运动员威尔逊制定出了第一份较为完整的水球竞赛规则，水球运动纳入正轨。此后，水球运动得到普及并逐步传向世界各地。

1877 年英格兰伯顿俱乐部聘请威尔森制定了世界上第一部水球竞赛规则。1879 年出现了有球门的水球比赛。1885 年英国游泳协会将水球列为单独比赛项目。1890 年首先传入美国，后又逐渐在德国、奥地利、匈牙利等国家广泛开展。

二、水球技术委员会的成立

国际游联的下属机构。负责国际水球比赛的各种技术问题，包括水球竞赛规则的修改、裁判员的培训、裁判员工作的评定等。各国游泳协会申请国际裁判员必须经过该会审批。各种重大的国际比赛，全体委员都必须到。设主席秘书、副主席各 1 名，委员 9 人。下设 6 个委员会：竞赛规则委员会；裁判委员会；财经委员会；女子水球委员会；教练委员会；宣传发展委员会。

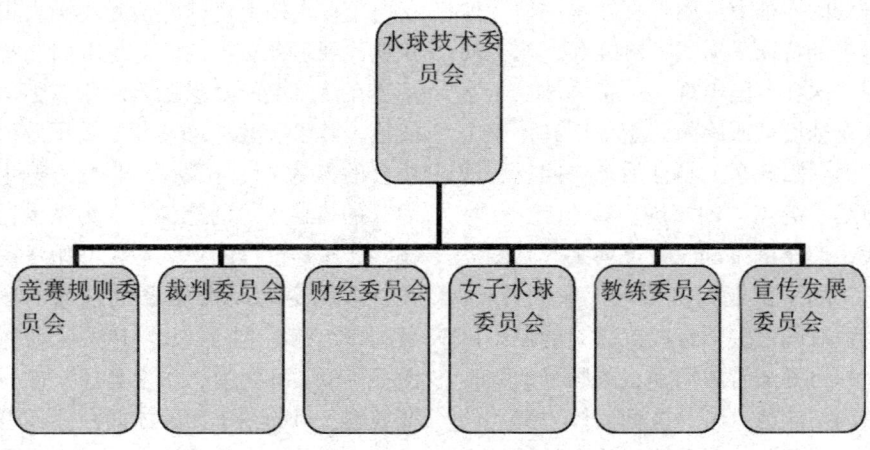

三、水球项目的奥运会发展史

1900 年水球作为表演项目在巴黎奥运会上亮相。当时只有俱乐部球队参赛，英国曼彻斯特的奥斯本游泳俱乐部在决赛中以比分 7∶2 击败比利时的布鲁塞尔游泳和水球俱乐部，夺得冠军。法国的 Pupilles de Neptune de Lille 俱乐部获第三名。

1904 年圣路易斯奥运会上，东道主美国的球队单独比赛，并且是唯一的参赛国。德国原本有意报名参赛，但因发现比赛将采用美式水球打法，而非欧式或英格兰—苏格兰式，最终放弃了。美国人打的水球较小，而且只有球员持球进入对方的球门内才算得分。该届奥运会的水球比赛没有得到承认，因为没有任何国际队参赛。最后纽约体育俱乐部拔得头筹，芝加哥体育俱乐部获得第二，密苏里体育俱乐部由于拒绝参加亚军争夺赛而名列第三。

英国曾称霸各水球赛事，1908 年在伦敦、1912 年在斯德哥尔摩、1920 年在安特卫普都是奥运会水球项目的冠军。1920 年安特卫普奥运会上有 12 个国家参加了水球比赛，使这项运动在当时达到流行的巅峰。从 1928 年开始，匈牙利崭露头角，日渐成为世界顶级水球王国，并断断续续在许多年里保持了这一地位。直到 20 世纪 80 年代，这一格局才因为南斯拉夫、美国、苏联、意大利和西班牙都成为竞争强国而被打破。

现代水球在 1956 年墨尔本奥运会上成为正式奥运比赛项目。

女子水球在 2000 年悉尼奥运会上成为奥运比赛项目。澳大利亚女子水球队是首支赢得金牌的队伍。

2004 年奥运会男子水球冠军是匈牙利，女子水球冠军是意大利。

图 1—1　2004 年意大利获得女子水球冠军

2008 年奥运会男子水球冠军匈牙利，女子水球冠军是荷兰。

四、水球运动在我国的发展

在 20 世纪 20 年代中期，水球首次由英国传入香港和广东。1931 年，在广东省广州市举行了首次正式的水球比赛。同年，在第 4 届广东水上运动会上，水球成为正式比赛项目。

1949 年中华人民共和国的成立，标志着水球运动在我国发展的新纪元。1955 年的全国水上运动会上，水球作为新比赛项目亮相；两年后，首届水球锦标赛在北京举行。1974

年，中国水球国家队参加了第 7 届亚运会，从而促进了水球在全国范围内的进一步发展。自 1980 年重新取得国际泳联合法席位后，中国参加了一系列重大国际赛事，其中包括 1980 年莫斯科奥运会。中国男子水球队在 1984 年洛杉矶奥运会上排名第九，在 1988 年汉城奥运会上名列第十一位。

中国男子水球队曾蝉联 4 届亚运会（1978 年、1982 年、1986 年、1990 年）冠军，16 年后在 2006 年多哈亚运会上重新夺回了冠军头衔。中国女子水球队在 2007 年第 7 届国际泳联女子水球青年锦标赛上斩获银牌。

第二节　水球运动的特点

一、水球运动的特点

1. 整体性

水球比赛每队由 7 人上场参赛，与足球、篮球等集体项目比赛一样，在场上的 7 人思想要统一，行动要一致，攻则全动，守则全防，整体参战的意识要强。只有形成整体的攻守，才能取得比赛的主动权及良好的比赛结果。

图 1 - 2

2. 强烈的对抗性

水球运动是一项竞争激烈的无支撑对抗性项目，比赛中双方在无支撑的游泳池中，通过踩水、游动等方式与对方球员抢球、摔抱、拉压等动作。身体接触频繁，身体对抗性强。

图 1 - 3

3. 比赛的艰辛性

水球比赛中，运动员要在场地内来回快速游动，整个比赛队员身体的 85% 都在水下，运动员不能接触池边和池底，也不能借助额外的物体支撑或歇息，要一直游动或踩水。一场比赛，每名运动员平均至少游 5 千米，体力消耗特别大，这样使得水球比赛成为所有体育项目中最累的项目之一。

图 1 - 4

二、水球运动的功能

进行水球运动练习及训练，参与者必须是会游泳的，必须有一定的游泳基础才能参与水球，因为从事水球活动要在游泳池里游动或通过踩水来支撑身体，水球运动的功能与游泳运动的功能一样。

1. 提高呼吸系统的功能

水球运动是在水中进行的活动，水的密度是空气的 800 多倍，人站在齐胸的深水中就感觉呼吸困难，就必须主动地进行呼吸，要动用更多呼吸肌来克服水的压力。因此，经常进行水球练习，可以增强呼吸肌的力量，增大肺的容量。

2. 提高血液循环系统的功能

进行水球活动是人体在水中处于直立姿势或水平姿势，下肢、腹部与心脏基本上位于同一水平，减小了重力对血液循环的影响，再加上水的挤压作用，有利于下肢及腹部静脉血液的回流，有利于心室充满回心血液，对于提高心脏的泵血功能是非常重要的。

3. 改善体温调节功能

水的导热能力约是空气的 25 倍，人体浸入水中时，体温散失的速度大大加快，必然要相应的加强体内的能量代谢过程，以产生更多热量来维持体温恒定。另一方面，冷水的刺激又会引起皮肤血管的收缩舒张反应。经常进行水球活动，可以改善人体体温调节功能，使大脑皮质对热的产生及散热的调节形成条件反射，提高对外界温度变化的适应性，增强身体的抵抗能力。

4. 发展各项身体素质

进行水球活动，能促进速度、力量、耐力、柔韧、灵敏等身体素质的全面协调发展，从而使人体的运动能力得到提高。

5. 培养良好的心理品质

水球运动是一项集体性项目，通过水球训练与比赛，可以培养运动员齐心协力、团结协作的集体主义精神；同时激烈的对抗性，又可以培养其运动顽强的意志品质。

第三节　水球运动开展的状况

一、水球运动的设项

水球运动是一项集体比赛项目，在发展之初只有男子项目。女子水球是在发展过程中逐渐进入各种重大比赛。如1986年马德里世锦赛开始加入女子水球比赛，2000年悉尼奥运会上成为奥运比赛项目，现在发展成为了男、女两个比赛项目。

二、水球强国

目前水球强国主要集中在欧洲，自1973年以来，欧洲球队垄断了全部12届国际泳联世锦赛水球比赛的金牌（事实上包揽了全部的36枚奖牌）。1986年马德里世锦赛开始加入女子水球比赛，在已经进行的8届比赛中，共有2支非欧洲球队夺得过3次冠军——澳大利亚于1986年夺魁，而美国在2003年（巴塞罗那）和2007年（墨尔本）获得金牌。在全部24枚奖牌中，欧洲球队获得了13枚。其余的11枚奖牌分布如下：美国5枚，澳大利亚3枚，加拿大3枚。

在男子球队中，塞尔维亚可以称得上是最成功的：作为南斯拉夫队参赛时，他们赢得了1986年和1991年（珀斯）两届比赛的冠军；此后作为塞尔维亚和黑山队，他们又得到了2005年（蒙特利尔）世锦赛的金牌。塞尔维亚这支无冕的"三冠王"球队，目前还没有哪一个国家的男子水球队在世锦赛上超过他们。

图1-5　1986年夺冠的澳大利亚队

女子方面则有3个国家获得过2次金牌：意大利（1998年，2001年）和匈牙利（1994年，2005年），美国（2003年，2007年）。

匈牙利水球男队在奥运会上共拿到过10枚金牌，但令人奇怪的是在世锦赛上他们却"仅仅"2次夺魁（1973和2003年）。不过尽管金牌数量不多，匈牙利人却也已经以参赛12届，9次站在领奖台上的成绩说明了自己的实力。在女子组比赛中，匈牙利女队也有2次夺冠经历（1994年和2005年）。

三、水球的开展情况

　　水球运动在欧美发达国家开展较好，也是大众喜欢观赏的水上项目之一，有众多的水球俱乐部，在一些大学也有水球代表队。在欧洲不少国家，水球却是一项深受欢迎、被媒体和球迷广泛关注的运动。在德国、法国、克罗地亚、西班牙、意大利，水球受欢迎程度丝毫不亚于足球，而在北欧的瑞典、挪威、丹麦等国家，水球甚至超过足球、排球，成为"第一运动"。

　　在我国，由于水球运动的高竞技性和强烈的对抗性，并且对参与者来说，要有较好的游泳技能和体能，群众的参与性不强，也无群众水球比赛活动。专业的水球队也比较少，男子水球有广东、上海和湖南，女子水球有广东、天津、广西、四川和北京。

第二章　水球基本技战术介绍

第一节　水球基本技术

一、无球技术

1. 踩水（water walking）

①蛙式踩水：身体直立水中，两腿同时做蛙泳向下蹬腿。

②交替踩水：身体直立水中，以膝为轴，以小腿向后、向侧向下做绕环运动，一腿蹬水时，另一腿做收腿，一蹬一收，交替进行。

图 2－1　踩水

2. 抬头爬泳(head lift crawl stroke)

两腿快速打爬泳腿，手臂划爬泳臂，但是每次手臂不推完水。头抬出水面。

图 2－2　抬头爬泳

3. 急停（sudden stop）

水球运动专门技术之一，指为配合战术需要运用制动技术使身体由快速的游动状态转入停止状态。急停时，前伸入水的一臂改划水为掌心向前的推水动作，接着向后划水的臂也改为掌心向前推水的动作。同时两腿收至腹前转入踩水动作，上体抬起，使身体直立，以制止身体继续向前滑行，达到急停的目的。急停技术常与转身、传球、接球、射门等技术结合使用。

4. 跃起（Iunge）

水球运动是专门游泳技术之一，指在原处或游进中，身体由俯卧姿势突然成直立姿势向上窜起的技术。跃起时先抬头，使肩部露出水面，两臂弯曲横向拨水支撑身体，两腿做蛙式收缩，借助手臂向下压水和两腿向下用力蹬踩水动作，挺身，使上体跃出水面，随后转入踩水，一手掌心向下压水，一手用以接取高球，或传拨、拍击高球。守门员不仅要有熟练的向上跃起技术，而且还要掌握向两侧跃

起的技能。

图 2-3　跃起

5. 反蝶泳技术

是双臂划仰泳再加上海豚泳打腿或自由泳打腿。

图 2-4　反蝶泳

6. 蛙式蝶泳技术

两手臂划蝶泳臂，两腿蹬蛙泳腿。

图 2-5　蛙式蝶泳

7. 封挡（block）

水球防守技术之一，指防守者运用手臂封锁阻挡持球者的掷球。当一名右手持球的进攻者由背向控球的姿势变为仰卧姿势准备掷球时，防守者用右手抓住对方的右手腕，用臂去挡进攻者的射门角度，这叫"抓手封挡"。当进攻队员准备射门时，防守者以一手按压对方的胸部，举起另一手臂去封射门角度，称为"按胸封挡"。

图 2-6　封挡

二、有球技术

1. 水下起球（lifting the ball from underneath）

水球基本技术之一。一种隐蔽的举球方式。起球时五指自然分开，掌心朝上，伸向球的底部中点，以五指稍用力抓住球。小臂内旋，屈臂将球举起，控制在稍高于耳部的投掷位置上，以利于传球或射门。

图 2-7

图 2 - 8

2. 传球（pass）

也称"掷球"，水球运动技术名词。基本的技术动作之一，指用手指、手腕、手臂以及上体等动作来完成掷球的技术，是组织进攻的战术基础。其力量取决于蹬水、转体及手、臂的力量。传球时，可利用腕、指的变化来控制球最后的出手方向。传球的方法有直线传球、大抛物线传球、小弧形传球等。适用于短距离射门、传递、离吊和长传。可在原地、游动和跃起空中接传。包括正面传球、反手传球、仰卧传球、勾手传球、长传、短传等传球形式。

图 2 - 9

（1）干传（dry pass）

也称"不落水传球"。水球传球方法的一种，指将球直接传入接球者手中。球传出后，接球者不等球落水

时就将球接住。随后即可进行传球或射门。可使接球者在出球前，省略从水中重新起球的时间。

图 2 - 10

（2）湿传（wet psss）

也称"落水传球"，水球传球的一种，指将球传入接球者保护区内水中。用途很广，当一名队员反击突破时，后场队员就往往利用湿传，将球传到他的前方。此外，在对方防守队员盯紧的情况下，也常采用这种方法。

图 2 - 11

图 2 - 12

（3）反手传球（backhand pass）

水球传球技术之一，指利用反手将球侧向或背向传出。比赛时，背向或侧向传球目标，持球臂内旋，使掌心朝传球方向，利用大臂带动小臂，

或用小臂和手腕的力量将球传出。

图 2 – 13

图 2 – 14

（4）肩上传球（shoulder dribble）

水球运动技术名词。传球动作之一，又称"上予传球"、棒球式传球。身体直立踩水，一手将球举在肩上耳旁，使不持球一侧的肩对着传球目标，借助腰腹力量作转体动作，以及利用大臂、小臂及手腕的力量将球掷出。这是水球比赛最常用的基本传球方式。

图 2 – 15

（5）仰卧传球（lay hut pass）

水球传球技术之一。采用转体方法，由背后俯卧转为面向仰卧将球传出。传球前身体俯卧，将球控制在头上方，利用蹬剪腿动作向球游进，持球臂伸向球底，屈臂持球于投掷位置；同时，不持球一臂用力拨水，协助转体180°成面向投掷方向，两腿加强踢水，肩部露出水面，挥臂将球传出。常在对手从背后紧逼的情况下，为了看清传球目标而采用。

图 2 – 16

3. 运球（dribble）

水球基本技术之一。采用抬头爬泳游进，身体成反弓形，头肩露出水面，两腿接近水面，用力打水，两臂划水路线短，频率快，高肘移臂，球位于头前，依靠胸前的波浪向前推进，以便观察场上情况，侍机进行配合。主要用于持球队员突破防守后，快速将球运向球门常与传球、射门动作连用。包括抬头运球、低头运球和推球前进。

（1）低头运球（head – down dribble）

水球运球技术之一。为加快运球速度，可采用低头快速游进，以头的顶部推动球前进。游进时，在水下睁眼，以便观察。这种运球方式，只能在摆脱了对手，距离对方球门还有一

定距离，又不需要传球时使用。

图 2 - 17

（2）高举运球法（overhand pass）

水球运动技术名词，运球技术动作之一，指持球进攻队员进入对方防守区域，对方出现漏洞没有被盯住时，把球举至头部上方，然后踩水前进，再伺机射门或传球。这种运球后，有利于快速射门和快攻配合。

图 2 - 18

3. 射门

射门时持球动作应该是手指差不多位于球的顶部，向前扣动手指出球。射门时首先要了解球门中守门员的位置，其次是身体在水中要保持平衡。射门包括定射门、吊球射门、反手射门、仰卧射门、急停射门等。

（1）反手向后射门（backhand shot）

水球运动技术名词，射门技术动作之一，有原地反手向后射门、运球反手向后射门、空中接球反手射门等

技术。利用身体急速向后转动，带动手臂挥摆，当手掌对着投射目标，手腕用力把球射出。这种射门动作急促突然，难以防守。射门时，要准确判断球门的方位。以手腕控制球的方向同时，两腿用力蹬水使身体升高。

图 2 - 19

（2）勾手射门（hook shot）

水球运动技术名词，分正面勾手射门和横勾手射门两种。右手向后（或向侧）伸出将球托起，以左手压水，两腿剪水，抬高上体，右臂自然伸直稍弧形摆动，利用手腕和手指的力量将球射出。

（3）扫射（sweep shot）

水球运动技术名词，是背向球门射门的方法，在离球门 2~4 米处射门最好。准备射门时，要用持球一边的肩膀，对着前来阻拦的对方队员，上身前倾，另一只手在水中托住球，身体突然向上跃起，上体转动，以腰部发力，带动手臂横扫射门，用手腕控制好出球的方向。由于动作突然，手臂伸直，力度较大，故守门员较难

有效阻拦。

（4）吊射（lob shot）

图 2 - 20

水球运动技术名词，射门技术动作之一，指进攻者运用假动作，吸引守门员，破坏其站位平衡，然后弧形掷球越过对方守门员头顶上方入门，射门位置多在球门两侧。吊射的球速虽然较慢，但带有弧形，常使守门员扑救不及，球的弧度必须适中，要以守门员无法截接而又可落入球门为宜。

（5）肩上射门（shoulder shot）

水球运动技术名词，射门动作技术之一身体直立踩水，右手把球举于肩上耳旁，不持球的一臂前伸拨水，以协助支撑身体，肩对着球门，两腿用力蹬水。使身体尽量抬高。同时，持球臂后拉，身体展开形成弓形，以腰部发力，带动肩、臂用力向前射门。这是比赛中最常见的一种射门方

式。球直线运行，准确而有力。

图 2 - 21

（6）急停射门（wheel rear shot）

水球射门技术之一，指进攻者高速切入至对方门前，急停跃起，接球射门。向上跃起射门前，必须注意两腿迅速弯曲，收到身体下面，然后向下蹬出，以升高身体位置。不射门的一手不停压水，做支持动作，使上体尽可能地高出水面。这种射门快速有力，不易防守。要求进攻者传接之间配合默契，射门者跃起接球时要尽可能高出水面。

图 2 - 22

第二节　水球的基本战术

一、切入（drive-in shot）

水球进攻技术之一，指进攻者利

用虚晃动作摆脱防守者。进攻者可先假装向左侧游进，突然用力作剪式夹水，转向右侧，并立即改换爬泳打

腿，快速游进。待防守者转身追逐，为时已晚。切入时，手臂不能压在防守者的肩上，以免犯规。

二、占位（set up）

水球战术之一，指队员运用各种水下动作占据有利位置。如中锋进攻到对方门前，背向球门位于对方后卫的前面，张开两臂把后卫挡在身后，或者在水下抓住其游泳裤的前面。而后卫为了有效防守，常趁中锋不注意时，抢占到中锋的侧面或前面。

三、补位（substitute）

水球防守战术之一，指防守队员放弃暂时无威胁的对手，帮助队友防守有威胁的对手。当进攻一方有人突破，并逼近球门时，防守人员根据场上情况，放弃原来所盯的、威胁较小的对手，及时去防守突破者，直至队友同伴赶上该突破者，再重新去盯原来的对手。

三、挤位（squeeze）

水球个人战术之一。游进中，运用划水动作，挤迫对手向一侧游动。当对方的手入水时，自己靠对方的一手也立即入水，并向侧后方划水，从而使自己成斜线游进，使对方被挤迫向边上的一侧游进。如果对方继续向前游进，手就会搁在自己的头或肩上，构成犯规。进攻者与防守者均可运用这种战术。

四、全场紧逼盯人（full court press）

水球战术之一。当一方进攻时，另一方场上每一队员各自主动盯住对方一名队员，紧逼防守各尽其职，使对方难以施展技术造成压力，并迫使对方出现差错，是一种积极有效的防守战术。能有效对付任何进攻战术，打乱对方战术意图，造成进攻失误。这一战术要求队员具有良好的体力和速度，密切配合，协同一致，避免出现漏洞。

图 2－23

五、定位中锋（sitting centre forward）

也称"死中锋"、"柱子中锋"。水球运动战术之一，指利用攻击能力强的高大中锋，固定站于对方球门前进行强攻。其位置基本固定在对方球门前 2 米禁线前，以不越位为前提。在比赛时，可接同伴传球直接强攻射门，如无射门机会可分球给两边切入队员射门，同时可牵制对方后卫，给对方球门造成威胁。要求中锋身材高大，技术熟练，攻击能力强。

六、定位 6 打 5(sitting six OO five)

水球进攻战术之一。指防守一方贝名队员被罚出场后,攻方在门前摆出的阵式。一般有 3 种站位方式:

①4—2 站位:4 名队员在 2 米线外错开站位,距门约 6 米处站 2 名队员,利用不断的大幅度传球,调动防守队员和守门员移位,伺机由内线射门得分;

②3—3 站位:内线外线各站 3 名队员,一般外线队员射门机会较多;

③4—2 转 3—3,或 3—3 转 4—2:是前两种站位的变化,4—2 站位的 4 名内线队员中任何一人随时都有可能外拉,成 3—3 站位,或由 3—3 站位向里游进成 4—2 站位,利用外拉或内进的位置变化,打乱对方的防守,然后伺机接球射门。

图 2 - 24　6 打 5 战术的 4 - 2 阵形 蓝队为进攻方

图 2 - 25　6 打 5 战术的 3 - 3 阵形 蓝队为进攻方

第三章 水球基础入门练习

水球的入门练习主要包括各类游泳技术和踩水、传球、运球、射门等技术。

一、各种游泳姿势的练习

1. 自由泳、仰泳交替游进练习

场地：25米游泳池。

方法：将队员分为几组，第一声哨响，各组第一人开始用自由泳抬头短冲；第二声哨响，翻身成仰泳，继续游进；第三声哨音响，再翻身成俯卧，用自由泳游至对岸。

要求：自由泳抬头游时快速，仰卧时放松。

建议：每天训练中都安排这个练习。

图 3-1

2. 游动改变方向

图 3-2

图 3-3

场地：25米游泳池。

方法：将队员分为几组，依次开始用由左转向右。

要求：转身时快，脚蹬夹水要用力。

建议：每天训练中都安排这个练习。

3. 踩水练习

图 3 - 4　移动踩水

图 3 - 5　对抗踩水

图 3 - 6　移动踩水

场地：25 米游泳池。

方法：两人一组。

要求：对抗踩水时，双方都用力压对方的手。

建议：每天训练中都安排这个练习。

4. 封手

场地：25 米游泳池。

方法：所有队员都同时进行。

要求：踩水位置要高，身体向上顶起，手由左向右移动，然后再由右向左。

建议：每天训练中都安排这个练习。

图 3 - 7

二、传球练习

1. 陆上传球练习

（1）对墙拨球

图 3 - 8

场地：水球场。

方法：先站在离墙较近的地方，等到熟练后，逐渐增大距离。

要求：靠手指拨球。

建议：下水前陆上准备活动时安排此练习。

（2）两人对传

图 3-9

图 3-10

场地：水球场。

方法：两人间的距离先近，熟练后逐渐增大距离。

要求：靠手指和手腕控制球的方向。

建议：下水前陆上准备活动时安排此练习、也可进行三人传球。

2. 水上练习

（1）起球

场地：水球场、游泳池。

方法：按压起球、水下起球等。

要求：靠手指和手腕控制球的方向。

建议：水中休息时进行起球练习，或结合传球进行练习。

图 3-11 按压起球

（2）两人传球

场地：水球、游泳池。

方法：传球练习的方式很多，可以两人传一球，两人传二球，三人传球，中间人传球移动传球。

要求：注意球的落点。

建议：每天必须进行传球练习。

图 3-12 两人传两球练习

图 3-13 三人传球练习

图 3 – 14　中间人传球练习

图 3 – 15　移动传球

（3）持球游进练习

图 3 – 16

场地：水球场、游泳池。

方法：由左手持球几次，再转入右手。

要求：手要控制好球。

建议：每天进行持球游进练习。

（4）水上颠球

图 3 – 17

场地：水球场、游泳池。

方法：左右手交替触球，保证球不要掉入水中。

要求：身体要控制好，手要控制好球。

建议：每天在放松时可进行此练习。

3. 射门练习

图 3 – 18

场地：水球场、游泳池。

方法：射门的方法很多，可进行定位射门，移动后转向射门等练习。

要求：射门时身体位置要高，出球时要有力和注意出球角度。

建议：每天必须进行此练习。

二、守门员练习

1. 各种踩水练习和封手练习

图 3 – 19

图 3 – 20

2. 扶球交替蹬蛙泳腿

场地：水球场、游泳池。

方法：守门员要进行各类方式的踩水和跃起。

要求：踩水时身体位置要高。

建议：每天必须进行此练习。

图 3 – 21

第四章 水球运动综合知识

第一节 重要赛事

一、奥运会水球比赛（Olympic Water Polo Competition）

奥运会正式比赛项目之一，由奥组委主办，五大洲的洲际锦标赛的冠军队伍自动获得资格，东道主代表本洲参赛，以及游泳世界锦标赛前3名的队伍参赛，2008年北京奥运会男子水球队共有12支队伍，女子8支队伍。

二、世界杯水球赛（World Cup Water Polo Competition）

由国际业余游泳联合会主办。参加者是东道主和世界锦标赛或奥运会比赛的前7名。采用单循环制。与奥运会水球赛、世界游泳锦标赛水球赛一起构成世界三大水球比赛。第1届于1979年在南斯拉夫贝尔格莱德雷杰卡举行，匈牙利队获冠军。后一般每2年举行1届。

三、世界游泳锦标赛水球比赛（Championships Water Polo Tompetition in World Swimming）

1973年，国际游泳联合会创办世界游泳锦标赛，其中设立水球项目。后历届锦标赛均举行水球比赛。国际游泳联合会（FINA）主办的世界水球比赛，与竞技游泳、跳水和花样游泳一起构成世界游泳锦标赛的4项比赛。首届比赛于1973年9月在南斯拉夫贝尔格莱德举行，以后每2年举行1届。1987年改为每4年举行1届。至1992年已举办过第6届。它与奥运会水球赛、世界杯水球赛并列为世界水球三大赛。自第5届起始设女子项目，澳大利亚队获冠军。第6届荷兰队获冠军。

四、亚洲运动会水球比赛（Water Polo Competition in Asian Games）

1951年第1届亚运会将水球列为比赛项目，后历届亚运会均设，是代表亚洲最高水平的水球比赛。仅有男子项目。至 1990 年共举办了 11 届。

五、全运会水球比赛
（Water Polo Game in National Games）

1959 年第 5 届全运会起，水球被列为全运会正式比赛项目，后历届均设，是中国水球最重要的国内水平比赛，反映水球运动的群众基础和技术水平。

2009 年第 10 届全运会，女子水球列为比赛项目。

第二节　比赛场地、设备、器材

一、水球比赛的场地

通常，水球比赛使用一个标准的 50 米游泳池，水深要超过 2 米，男子比赛场地两球门线之间的距离不得少于 20 米或多于 30 米。女子比赛场地两球门之间的距离不得少于 20 米或 25 米。场地宽度不得少于 40 米或宽不少于 20 米。场地的端线就位于球门线后 0.30 米。彩色浮标标出了比赛区内的各种标记。白色浮标标出球门线和中线。红色浮标标出双方球门前的 2 米线，黄色浮标标记距离球门线 5 米线的标志。在比赛场地的两侧，从球门线至 2 米线之间的部分应全部用红色标示，从 2 米线至 5 米线之间的部分应全部用黄色标示，从 5 米线至中线的部分是全部绿色的标示。红色的处罚区位于泳池的两端，在球门线后面，距离正对比赛官员席的池角大约 2 米。球员进入该区即意味着该球员离开了比赛区，被罚球员在处罚区等待重新进场比赛的信号。

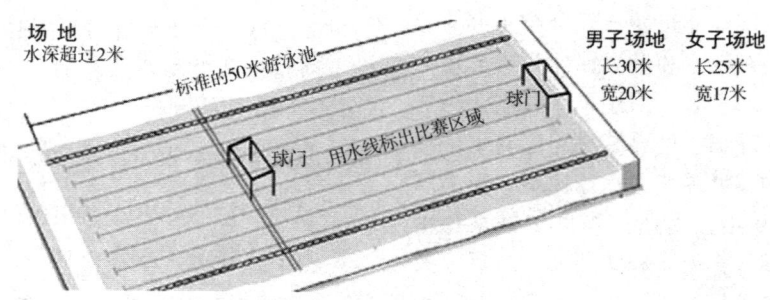

图 4-1　水球场地

二、水球球门

球门由 1 根横梁和 2 根门柱构成，门柱为 0.075 米的白色方柱，与横梁牢固地固定在一起置于场地两端。高为距水面 0.9 米，两门柱宽为 3 米。

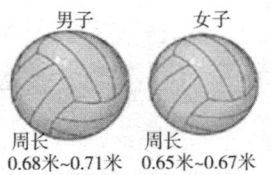

男子
周长
0.68米~0.71米

女子
周长
0.65米~0.67米

重量400克~450克

水球

图4-3 比赛用球

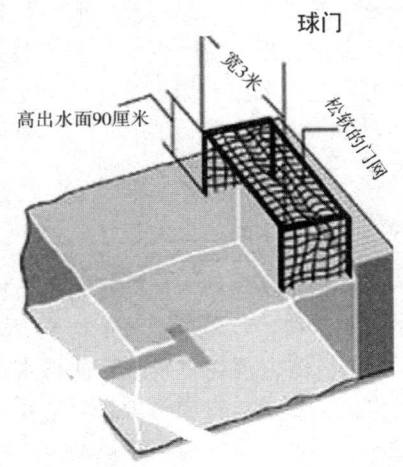

球门
宽3米
高出水面90厘米
松软的门网

图4-2 水球球门

三、比赛用球

球应为圆形体，内有可自动封闭的球嘴的气胆可防水，表面无突出的缝线，且不得涂抹油脂或类似物质。比赛用球重量为 400 ~ 450 克；男子比赛用球周长 68 ~ 71 厘米，中间充气压力 90 ~ 97 千帕；女子比赛用球周长 65 ~ 67 厘米，中间充气压力 83 ~ 90 千帕。

四、水球帽

两支球队比赛时要戴上颜色对比鲜明的帽子，并与球的颜色对比鲜明。比赛用球帽配有软性耳罩，耳罩的颜色与本队的帽色相同，守门员的帽色为红色。帽子两侧应有高度为 0.1 米的帽号。守门员戴 1 号叫球帽，其余队戴 2 ~ 13 号。替补守门员戴 13 号红色球帽。

图4-4 水球帽

第三节　水球运动所需专项身体素质

水球是在水中进行的球类运动，兼有游泳和球类运动的特点。所以对运动员的身体形态、速度、力量、耐力都有较高的要求。

一、身体形态

要求运动员身材高大、肩宽臂长、髋窄踝细、臀部上提、手脚宽大。

二、速度

在水球比赛中，攻防转换频繁，要求争抢激烈，要有较快的游泳速度；在抢球、传球、射门的过程中，要求运动员要有较快的动作速度和反应速度。

三、力量

水球运动员对力量有较高要求，传球、游动、射门时需要上肢力量较好，与对方球对抗、踩水需要下肢力量好和自身的绝对力量，因此对水球运动员力量的发展要上下肢均衡发展。

四、耐力好

一场水球比赛，运动员攻防转换的节奏较快，每名运动员平均至少游5千米，体力消耗特别大，使得水球比赛成为所有体育项目中最累的项目之一。因此，水球运动对运动员的一般耐力和专项耐力要求都比较高。

第四节　我国在水球运动项目中取得的突破

一、重大赛事成绩

中国男子水球队在1984年洛杉矶奥运会上排名第九，在1988年汉城奥运会上名列第十一位。

中国男子水球队曾蝉联4届亚运会（1978年、1982年、1986年、1990年）冠军，16年后在2006年多哈亚运会上重新夺回了冠军头衔。中国女子水球队在2007年第7届国际泳联女子水球青年锦标赛上斩获银牌。

中国女子水球队于2008年参加第29届奥运会并取得第五名。

二、优秀运动员介绍

1. 国际明星介绍

（1）德兹索·乔尔玛蒂（Dezso Gyarmati）

图 4 - 5

德兹索·乔尔玛蒂是世界上最伟大的水球运动员之一，他在奥运会上曾经连续 5 届获得水球奖牌（金牌：1952 年、1956 年和 1964 年；银牌：1948 年；铜牌：1960 年），历史上无人能及，同时他也作为队长 2 次夺得欧洲锦标赛冠军。乔尔玛蒂拥有出色的游泳技术，他游泳的百米速度达到58.5 秒，因此乔尔玛蒂被称为"世界速度最快的水球运动员"。在游泳池里，乔尔玛蒂的技术全面，既能打前锋，又能打后卫。因为多次为国家赢得荣誉，乔尔玛蒂成为匈牙利的国家英雄。退役后，他成为国家队教练，并带队参加了 1976 奥运会，并夺取金牌。后来，乔尔玛蒂开始从政，并当选国会议员。1952 年，他与夺得当年奥运女子 200 米蛙泳金牌的埃娃结婚。他们的女儿安得拉也在1972 年奥运会上夺取 100 米蛙泳项目

的金牌并与 1968 年奥运赛艇金牌获得者米哈里结婚。

（2）埃斯廷来特（Manuel Estiarte）

图 4 - 6

1961 年生，西班牙水球运动员。西班牙国家水球队前锋。1972 年由游泳改练水球。曾参加过 2 次世界锦标赛和 3 届奥运会。1982 年世界游泳锦标赛中被评为最佳选手；1984 年洛杉矶奥运会被评为最佳射手。主要特点是体力充沛，速度快（100 米自由速度为 54 秒），游动积极，快速切入与摆脱快射尤为突出。

（3）菲格罗亚（Cary Figueroa）

1957 年生，美国水球运动员，美国国家队水球队主力队员之一。原爱好游泳和体操，后在加利福尼亚从事水球训练，1975 年入选国家队，左右手均能射门。曾多次随美国队参加世界锦标赛和世界杯赛。

（4）阿克莫夫

1953 年生，苏联水球运动员，6岁学游泳，后入苏联海军舰队习水球，初担任守门员，后改任后卫。1971 年入选苏联国家队，是该队获得第 22 届

奥运会、1981 年世界杯水球锦标赛和第 4 届水球锦标赛冠军的主力后卫。特点是攻防技术全面，游动速度快，场上能冷静观察，善于捕捉战机。

（5）鲁迪克（Rateko Rudic）

1948 年生，南斯拉夫水球运动员，斯普利特人。初为游泳运动员，后改练水球。曾为亚得里亚海队员，入选南斯拉夫国家水球队，担任前锋。先后参加过 300 场国际水球比赛，在第 18、19、20 届奥运会水球比赛中，获得 1 枚金牌、1 枚铜牌。1976 年参加欧洲锦标赛时，他创造了 260 次比赛中共射进 500 个球的纪录；其中一场比赛中，一人独进 5 球。曾获南斯拉夫"为人民服务"功勋勋章。

2. 国内明星介绍

（1）王孝天

水球运动员。福建闽侯人。身高 1 米 84，原为篮球运动员，后改练水球，参加福建省水球队。初担任守门员，后改前锋。曾作为中国国家队队员参加第 8、第 9、第 10 届亚运会，是连续 3 届获亚运会水球比赛冠军的主力队员之一。1982 年在第四届世界水球锦标赛中，被列为第十四号射手；1984 年参加第 23 届奥运会。特点是技术全面，头脑冷静，体力充沛，支撑能力强，判断及时准确。

（2）蔡盛六

水球运动员，广东顺德人。身高 1 米 86。原为广东水球队员，曾作为中国国家队队员参加第 8、第 9、第 10 届亚运会，是连续 3 届获亚运会水球比赛冠军的主力后卫。1982 年参加第 4 届世界水球锦标赛，1984 年参加第 23 届奥运会。特点是手臂长，腿部支撑力强，动作灵活，善于根据场上的变化及时调整防守位置，防守动作干净利落。

（3）瞿保卫

水球运动员。上海市人。原为上海水球队队员。担任过守门员，1978 年入选国家水球队后，曾参加第 8、第 9 届亚运会，是获两届亚运会水球比赛冠军的主力前锋。参加 1982 年第 4 届世界水球锦标赛和 1984 年第 23 届奥运会。特点是头脑清醒，射门动作突然，善于捕捉时机为队友创造射门机会。

第五节　水球观赏指南

提起水球这项运动，大多数中国观众往往都会将它归入"冷门"项目的行列。的确，水球这项运动在我国开展得并不普及，在国内一些高水平的水球比赛中，观众也常常寥寥无几。其实，水球这项又名"水上足球"的运动，其精彩激烈程度丝毫不逊色于绿茵场上的足球比赛。在奥运会的赛场上，水球比赛不仅是一项上座率十分高的赛事，在欧美等国更是备受追捧。在美国，水球的普及率超过了足球；在瑞典、挪威和丹麦，水球甚至被称为"第一运动"。

与网球、高尔夫球等运动截然不同，在观看水球比赛时，现场观众不仅不需要保持安静，反而应该越热情、越活跃越好。因为水球可以称得上是体育运动中最累人的项目之一，水球比赛分为 4 节，每节 8 分钟。在这 8 分钟内，运动员不得接触游泳池底和池壁边。这就意味着一场比赛下来，每名运动员平均要游 5 千米以上。所以水球运动员不仅要具备游泳运动员的耐力和速度，还要具备足球运动员的传接球、射门功夫，甚至还要有橄榄球运动员的力量。拿球、抢球、摔抱等动作全部在水中进行，大大增加了这项运动的难度，也对运动员的体力和耐力提出了很高要求。如果现场观众在观看比赛时能够全情投

入，在运动员突破进攻时为他们高声呐喊、击鼓助威，无疑可以大大激励他们的斗志，让他们暂时忘记身体的疲惫，不断拼搏、勇往直前。因此，对于水球运动员来说，热烈的掌声、喧天的锣鼓是鼓励他们的最好方式。

看过水球比赛的观众会发现，水球的比赛规则与足球、篮球、手球有着很多相似之处，但又有所区别。比如：在水球比赛中，当进攻一方球员控球在手时，防守一方为了抢球可以将其按压入水。了解了这条规则，观众再看到这样的防守动作时就不会惊呼"犯规"了。而近几年，为了进一步提高水球比赛的观赏性，国际泳联于 2005 年对水球比赛的规则进行了重新修订。每次射门必须在 30 秒内完成，如果在 30 秒内进攻方没有形成一次射门，则由对方发球或掷边线球，自己一方开始防守。这些新规则对于缩小两队之间的差距，增加比赛的激烈程度起到了一定的调节作用。

第五章　比赛规则要点

一、工作人员（officals）

根据比赛级别的重要性可设 4～8 名裁判人员。包括裁判员、监门员、计时员和记录员。

二、比赛人数及时间（teams and time）

水球比赛时，每队上场 7 人，包括守门员 1 人，替补队员不超过 6 人。当场上队员不足 7 人时，可不设守门员。比赛开始后，除主教练外，不上场比赛的运动员、助理教练、官员都必须坐在本方席位上，不得离开座位，只有在交换场地和暂停时可离开本主坐席活动，双方运动员在第三节比赛和加时赛第二节开始前交换场地。每场比赛分 4 节进行，每节实际比赛时间为 8 分钟，每节比赛从运动员触球开始计时。停止的信号一发出都要停表，直至运动员采取正确的抛出动作使球离手开始计时。死球时停表。第一节和第二节之间、第三节和第四节之间，休息 2 分钟，第二节和第三节之间休息 5 分钟，同时交换场地。得分后，双方队员应回到本方半场，由失分一方队员在中线的中心点开球。比赛中，一方控球时间不得超过 30 秒。4 节比赛后比赛持平，而比赛又要求必须分出胜负，则在休息 5 分钟后进行加时赛。加时赛分 2 节，每节实际比赛时间为 3 分钟。两节之间休息 2 分钟，在此期间双方交换场地。如加时赛后再打平，则进行互射 5 米球决定胜负。

三、替补队员（substitutes）

水球比赛过程中可随时替换队员，被替换的队员应从距离本方球门线最近的重新入场区离场，当其露出水面时替补队员即可从本方的重新入场区入场。替补队员在下列情况中可在任何地方入场：每两节比赛之间，包括加时赛的任何两节之间；进球得分后；暂停时；替换流血或受伤队员。

四、暂停（timeouts）

每队在一次比赛中可要求 3 次暂停。第三次暂停只能在加时赛中使用，暂停时间为 1 分钟。

五、比赛开始（the start of play）

每个队沿自己的球门线以大约 1 米的间隔列成一排，水球放在场地中线一个特制的浮标上，当比赛双方都就位后，裁判一声哨响，浮标缩回，水球开始在水面上漂浮，比赛开始了。比赛双方游得最快的选手向球冲刺以取得控球权，比赛就随着双方不断的进攻和防守而进行着。双方都试图通过向前传球和带球，寻找射门机会。

六、 一般犯规（ordinary fouls）

有下列情况将判为一般犯规：比赛中的任何时间或比赛开始时有协助同伴的行为；扶靠或推离球门或其他固定物，在实际比赛过程中蹬踩池端、池边或手扶水线；在争抢中将球置于水中；握拳击球；双手同时触球，5米区内守门员除外；妨碍未持球队员的活动，包括在对方的肩、背和腿上游。

七、 出场犯规（exclusion fouls）

在5米线外用双手阻挡射门；有意向对方脸上泼水；抱持，压沉或拖拉对方未持球者。故意蹬踢或击打对方，或怀有企图做不合理动作者。做出不正当行为，包括使用污秽语言、粗暴行为，坚持犯规，不服从或不尊重裁判员、官员，违背规则内容的行为，以及有可能导致比赛混乱的行为等。

第六章 水球运动损伤与防治

水球运动是在高强度间歇游泳中进行激烈拼抢和高度对抗的球类集体项目，是一项对抗性较强的球类运动，创伤发生率较高。

一、水球运动员主要伤病部位及原因

1. 肩部损伤

肩部损伤是水球的运动员常见的运动损伤，患病率75%，以慢性损伤为主。肩关节在完成游泳、传球、射门、对抗等运动中起着重要作用，反复超常运动使肩袖肌腱与骨、韧带不断摩擦，或肌肉的反复牵拉使肌腱、滑囊发生微细损伤或劳损。射门的出手动作，以及抬头爬泳和仰泳的转肩动作，使肱骨大结节（相当于肩袖部）反复超常范围的急速转动（特别

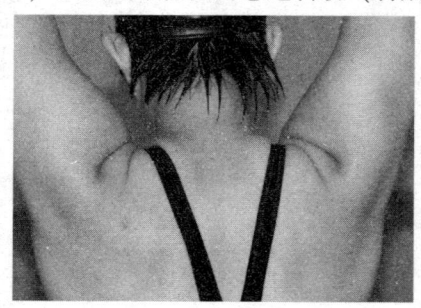

图6-1

是外展），劳损或牵扯并与肩峰和肩喙韧带不断摩擦所致。主要表现为肩外展90°位外旋疼痛，常合并有肩袖间隙压痛，肩外展疼痛，常常见于肩外展做大力射门动作姿势时才出现疼痛。

2. 腰背部损伤

水球的运动环境决定了运动员身体运动处于一种软支撑状态，下肢力量源泉的作用大大降低，腰腹部代偿性承担起部分力源的作用。因此，水球运动的腰腹部不仅起到平衡上下肢、协调全身力量的作用，而且是重要的发力源。如起跳、传接球、射门、转体等基本动作的完成，腰腹力量发挥着至关重要的作用。训练或比赛中腰部后伸前屈，扭转运动超过了腰部的正常活动范围，均可使腰部猝然损伤。国家女子水球运动员的腰部损伤类型主要有腰背肌肉筋膜炎、腰肌急性损伤、腰椎间盘突出、腰部棘间韧带伤等，主要发生在专项训练中，训练年限越长，对机体的影响就越严重；伤后绝大多数运动员带伤训练，加大了重复受伤的机会，影响了治疗效果。

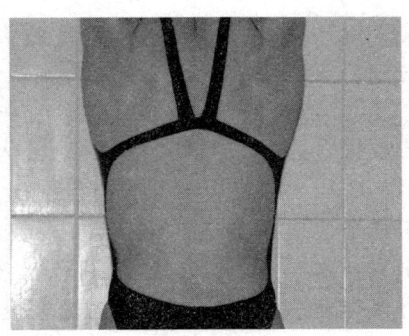

图 6 - 2

3. 掌指部位损伤

掌指关节包括指间关节扭伤挫伤，是最常见的损伤。指间关节两侧有侧副韧带，关节屈曲时，侧副韧带松弛，所以，手指向侧方偏曲或过伸性扭伤时常常引起韧带损伤，关节囊撕裂，有时因为对此病未予足够重视，或处理不当，运动员手指无法用力反复受伤，经久不愈。此类损伤的原因很多，球速过猛，在封球过程中运动员注意力不集中，被球突然击中或接球时判断失误都可造成。守门员也可因射门队员球速过猛，肌肉没有做好充分准备，使手在球与门柱之间形成挤压伤。

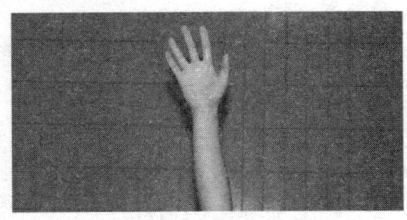

图 6 - 3

4. 膝关节损伤

水球运动中膝关节对完成踩水技术、射门技术及对抗有着重要作用。由于踩水技术动作本身的特点和蹬腿不当，当膝关节屈曲时，两侧韧带松弛，小腿可做小幅度的内、外旋转动作，小腿突然外展外旋、内收内旋，大腿突然内收内旋、外展外旋，都可引起内外侧副韧带的负荷增大或损伤，在水球运动中膝关节侧副韧带的损伤一般都属于急性损伤。还有长时间做两膝内扣、两足外翻的蹬腿踩水练习，使得膝关节局部组织受到牵拉或摩擦引起细微损伤，使小部分组织细胞遭到破坏，产生反应性炎症与组织再生等慢性损伤。

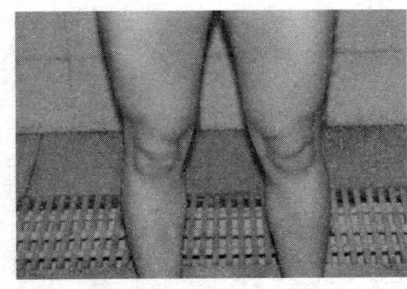

图 6 - 4

5. 肘关节损伤

在运动中任何使肘关节被动外翻、过伸或前臂旋前圆肌突然主动收缩都可能造成肌肉或尺侧副韧带的损伤。主要于比赛封手时肌肉无准备、防守拦球，虚晃和对抗时发生损伤。守门员中肘关节过伸损伤较为常见，一般在不重复受伤机制的情况下不会发生疼痛。

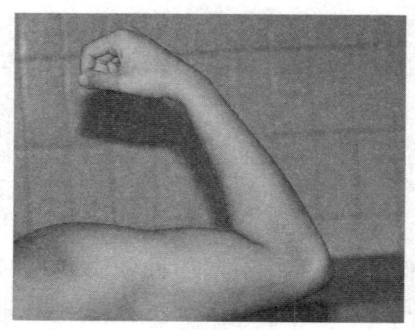

图 6 - 5

6. 颈部损伤

水球运动员以抬头爬泳和仰泳为主要移动方式。在抬头爬泳技术动作中，头部需要左右旋转以观察传球以及跑位，其局部组织受到牵拉摩擦引起损伤或劳损。

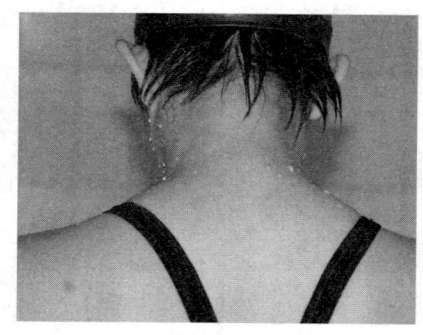

图 6 - 6

7. 其他

除上述动作引发的运动损伤以外，如身体接触、外界因素等也不容忽视。女子水球运动员因身体接触发生创伤较高，在水下的对抗、拉扯和拖拽对方，都可能划伤或使对方肌肉韧带拉伤。运动员未进行准备活动或进行得不充分，肌肉没有充分活动开，直接进入大强度训练中，在运动中各器官系统不协调，不能适应运动时的量和强度，也可导致损伤发生。室内游泳池地板太滑，造成滑倒或扭伤也应引起重视，也都是造成损伤的原因。如违反规则或技术动作错误，思想麻痹，意外或突发事件等，也是引发水球运动项目损伤的常见原因。

二、运动损伤的预防措施

1. 科学合理安排训练和比赛，训、科、医密切配合

随着水球运动发展日趋快速、紧张和激烈，对训练内容、方法、手段都提出了更高的要求和挑战。既要使运动负荷对机体造成足够大的刺激反应，又要以不造成损伤为前提，这就需要训、科、医必须密切配合。不仅需要重视训练课前准备活动的内容和质量，同时要求水球运动员自觉形成训练前后的关节肌肉拉伸运动，以促进疲劳恢复和预防损伤。

2. 加强身体素质训练，提高水球运动技术水平

良好的身体素质是改进技术和完成战术配合的重要基础，是预防损伤的重要保障。平时必须加强和重视身体素质训练，根据实际情况合理安排水上和陆上训练比例。在注意上下肢力量素质平衡发展的基础上，特别要加强重点部位和薄弱部位的力量素质训练，如肩、腰、肘等。

3. 结合水球专项负荷性质，加强疲劳评定与监控

疲劳后未及时恢复就进行训练是造成优秀水球运动员损伤的主要原因之一。在平时训练中，教练员和科研人员要密切配合，根据训练负荷性质准确及时地了解运动员身体机能状况和心理变化，准确诊断训练后的疲劳状况，共同制定合理的训练计划和恢复措施，重点加强肩、腰等重点部位的恢复。

4. 增强防伤意识，加强训练中的保护措施

陆上力量训练是发展最大力量和快速力量的重要途径，是平时训练的重要内容，在挑战极限重量时应加强保护措施，注意使用护具和支持带，以减少损伤。

附　录

专业词汇中英文对照表

赛艇　Rowing

国际赛艇联合会　International Rowing Federation

中国赛艇协会　Chinese Rowing Association

正力　positive force

负力　negative force

划距　stroke distance

划桨周期　stroke cycle

平桨　feathering

回桨　recovery

拉桨　drive, dull

按桨　press

桨叶入水　entry

桨叶出水　release

桨频　tempo

倒桨　backwater, go astern

提桨　lift

皮划艇　Kayak/Canoe

国际皮划艇联合会　International Canoe Federation

中国皮划艇运动协会　Chinese Canoeing Association

划幅　length of rowing oar

划水路线　wakf

划桨频率　rate of stroke, stroke

划桨节奏　rhythm or rowing

划桨周期　rowing phase

起航　start

倒桨　back water

乘浪　ride the wave

帆船　sailing

国际帆船联合会　International Sailing Federation

中国帆船帆板运动协会　Chinese Yachting Association

托纳多级　Tornado

星级　Star

鹰铃级　Eager Bell

芬兰人级　Finn

激光级　Laser

激光镭迪尔级　Laser Radial

比赛航程　race range course

比赛航标　race mark

风向角　angle of direction wind

主帆　mainsail

主桅　mainmast

左舷　port

左舷受风　port tack

右舷　starboard

右舷受风　starboard tack
平桨　oars
信号旗　signal flag
吃水　draft, draught
压舷　gunnel suppr
迎风折驶　come about
抢航　raise start
寻　bathom
起航　set sail start
艇舵　rudder
解脱　release, to set free
搁浅　run aground
踩水　water walking
抬头爬泳　head lift crawl stroke
急停　sudden stop
跃起　junge
封挡　block
水下起球　lifting the ball from underneath
传球　pass
干传　dry pass
湿传　wet psss
反手传球　backhand pass
肩上传球　shoulder dribble

仰卧传球　lay hut pass
运球　dribble
低头运球　head-down dribble
高举运球法　overhand Pass
反手向后射门　backhand shot
勾手射门　hook shot
扫射　sweep shot
吊射　lob shot
肩上射门　shoulder shot
急停射门　wheel rear shot
切入　drive-in shot
占位　set up
补位　substitute
挤位　squeeze
全场紧逼盯人　full court press
定位中锋　sitting centre forward
定位6打5　sitting SIX OO five
工作人员　officals
比赛人数及时间　teams and time
替补队员　substitutes
暂停　timeouts
比赛开始　the start of play
一般犯规　ordinary fouls
出场犯规　exclusion fouls

参考文献

1. 温贺宝．水上运动竞技与休闲［M］．哈尔滨：哈尔滨地图出版社,2009.

2. 杨桦．第29届奥林匹克运动会竞赛项目通用知识丛书：赛艇［M］.北京：北京体育大学出版社,2008.

3. 杨桦．第29届奥林匹克运动会竞赛项目通用知识丛书：皮划艇［M］．北京：北京体育大学出版社,2008.

4. 杨桦．第29届奥林匹克运动会竞赛项目通用知识丛书：帆船［M］.北京：北京体育大学出版社,2008.

5. 杨桦．第29届奥林匹克运动会竞赛项目通用知识丛书：游泳［M］.北京：北京体育大学出版社,2008.

6. 俞继英．奥林匹克赛艇［M］.北京：人民体育出版社,2005.

7. 俞继英．奥林匹克皮划艇［M］.北京：人民体育出版社,2005.

8. 俞继英．奥林匹克帆船［M］.北京：人民体育出版社,2005.

9. 梁书宽．体育竞赛要览［M］.武汉：长江出版社,2006.

10. 邓树勋．运动生理学［M］.北京：高等教育出版社,2005.

11. 王瑞元．运动生理学［M］.北京：高等教育出版社,2002.

12. 胡声宇．运动解剖学［M］.北京：高等教育出版社,2000.

13. 王旭冬．体育健身原理与方法［M］．北京：北京体育大学出版社,2008.

14. 万京一．水上娱乐［M］.北京：人民体育出版社,2005.

15. 唐亮．水上运动技巧［M］.北京：中国社会出版社,2008.

16. 李毓卿．水上运动［M］.北京：学苑出版社,1999.

17. 任素春．帆船运动创伤流行病学研究［J］.体育科学,1999,6.

18. 吴军．帆船运动员运动损伤规律及预防的初步调研［J］.浙江体育科学,2006,6.

19. 杨德刚．帆船运动员的常见运动损伤及其预防［J］.山东体育科技,1997,3.